Fabian Bernhardt

Zur Vergebung

Eine Reflexion im Ausgang von Paul Ricœur

Fabian Bernhardt studierte Philosophie, Ethnologie und Allgemeine und Vergleichende Literaturwissenschaft in Mainz. Nach seinem Studium arbeitete er als Lektor, u. a. an der Deutschen Akademie für Sprache und Dichtung in Darmstadt. Seit 2010 promoviert er in der Graduiertenschule des Clusters „Languages of Emotion" an der Freien Universität Berlin. Galt seine Magisterarbeit der Vergebung, so geht es in seiner Dissertation um Rache, Vergeltung und das kulturelle Imaginäre.

Fabian Bernhardt

Zur Vergebung

Eine Reflexion im Ausgang von Paul Ricœur

Neofelis Verlag

Bibliografische Information der Deutschen Nationalbibliothek
Die Deutsche Nationalbibliothek verzeichnet diese Publikation in der Deutschen Nationalbibliografie; detaillierte bibliografische Daten sind im Internet über http://dnb.d-nb.de abrufbar.

www.neofelis-verlag.de

Umschlaggestaltung: Marija Skara
Druck: PRESSEL Digitaler Produktionsdruck, Remshalden
Gedruckt auf FSC-zertifiziertem Papier.
ISBN: 978-3-943414-53-0

Für Jona

Inhalt

Einleitung: Zur Vergebung*

Wer eine Zeitlang genauer darauf achtet, wann und wo öffentlich über ‚Vergebung' gesprochen wird, der wird die Beobachtung machen können, dass die mit diesem Ausdruck angezeigte Problematik in eine Vielzahl von Kontexten hineinspielt, die auf den ersten Blick allenfalls lose zusammenhängen und nur schwer auf einen gemeinsamen Begriff zu bringen sind: „Chef-Folterer der roten Khmer gesteht seine Verbrechen" und „bittet um Vergebung" war im Frühjahr 2009 auf der Internetseite der *Neuen Zürcher Zeitung* zu lesen;[1] im Sommer 2013 berichtete *ZeitOnline* von dem New Yorker Politiker Anthony Weiner, der (just in der Zeit seiner Kandidatur für das Amt des Bürgermeisters) erneut durch einen Sexskandal in die Schlagzeilen geraten war und nun voller Reue auf eine „zweite zweite Chance" hoffte;[2] „Putins Tag der Gnade" titelte

* Der vorliegende Text stellt eine aktualisierte und leicht überarbeitete Fassung der Magisterarbeit dar, die ich im Frühjahr 2009 (unter dem Titel „Rätsel der Vergebung. Eine Reflexion im Ausgang von Paul Ricœur") im Fachbereich Philosophie & Philologie der Johannes Gutenberg-Universität Mainz eingereicht habe. – Zu Dank verpflichtet bin ich dem Exzellenzcluster „Languages of Emotion" an der Freien Universität Berlin, das die vorliegende Publikation durch einen unkompliziert gewährten Druckkostenzuschuss unterstützt hat.

1 ‚Duch' bittet um Vergebung. Chef-Folterer der Roten Khmer gesteht seine Verbrechen. http://www.nzz.ch/nachrichten/international/folterer_duch_gesteht_schuld_1.2295590.html (Zugriff am 18.11.2013).

2 Katharina Miklis: US-Sexskandal. Anthony Weiners zweite zweite Chance. http://www.zeit.de/politik/ausland/2013-07/anthony-weiner-new-york-sexskandal (Zugriff am 20.12.2013).

das *Handelsblatt* im Dezember 2013 anlässlich der Ankündigung des russischen Präsidenten, im Zuge einer Generalamnestie auch seinen Rivalen Chodorkowski aus der Haft zu entlassen;[3] bei einer offiziellen Gedenkveranstaltung für die Opfer der NSU-Mordserie im Februar 2012 bat die deutsche Bundeskanzlerin die Angehörigen, die jahrelang selbst zu Unrecht unter Verdacht gestanden hatten, ausdrücklich um „Verzeihung" und erinnerte in derselben Rede an den Ersten Artikel des Grundgesetzes, der „als Antwort auf zwölf Jahre Nationalsozialismus in Deutschland, […] auf den Zivilisationsbruch durch die Shoah" formuliert worden ist.[4] In allen diesen Fällen – so unterschiedlich gelagert sie auch sind oder sein mögen – scheint die Vergebung auf untergründige und diffuse Weise eine zentrale Rolle zu spielen, ohne selbst jedoch explizit zum Thema zu werden. Sie ist dasjenige, was unbestimmt im Zentrum dieses weitläufigen Diskurses steht. Die massive Präsenz dieses Diskurses, der auf eine bestimmte Sprache und Semiotik zurückgreift (die Rede von einer zweiten Chance und der Begriff der Gnade, die öffentliche Ausstellung der Zeichen von Schuld und Reue etc.), steht dabei in einem deutlichen Missverhältnis zu der Durchsichtigkeit dessen, was mit der Frage der Vergebung auf dem Spiel steht. Was ist das eigentlich, was wir ‚Vergebung' nennen?

Die vorliegende Arbeit macht es sich zur Aufgabe, dieser Frage nachzugehen. Dies geschieht im Rahmen einer Lektüre und kritischen Auseinandersetzung mit der Konzeption der Vergebung, die der französische Philosoph Paul Ricœur im Epilog seines 2000 erschienenen Spätwerkes *La mémoire, l'histoire, l'oubli* dargelegt hat.[5] In der deutschen Übersetzung trägt dieses Werk den Titel *Gedächtnis, Geschichte, Vergessen*.[6] Neben Paul Ricœur, dessen Ausführungen im Zentrum der vorliegenden Arbeit stehen, werden (in

3 Chodorkowski und Pussy Riot kommen frei. Putins Tag der Gnade. http://www.handelsblatt.com/politik/international/chodorkowski-und-pussy-riot-kommen-frei-putins-tag-der-gnade/9242584.html (Zugriff am 20.12.2013).

4 Merkels Gedenkrede für Neonazi-Opfer im Wortlaut. „Die Hintergründe der Taten lagen im Dunkeln – viel zu lange". http://www.sueddeutsche.de/politik/merkels-gedenkrede-fuer-neonazi-opfer-im-wortlaut-die-hintergruende-der-taten-lagen-im-dunkeln-viel-zu-lange-1.1291733 (Zugriff am 20.12.2013).

5 Paul Ricœur: *La mémoire, l'histoire, l'oubli*. Paris: Seuil 2000.

6 Paul Ricœur: *Gedächtnis, Geschichte, Vergessen*, aus d. Franz. v. Hans-Dieter Gondek / Heinz Jatho / Markus Sedlaczek. München: Fink 2004.

unterschiedlicher Gewichtung) auch einige andere Denker Berücksichtigung finden, deren Stellungnahmen geeignet erscheinen, die Reflexion auf die Vergebung um wichtige Aspekte zu ergänzen und zu erweitern; so etwa Jacques Derrida, Hannah Arendt, Vladimir Jankélévitch und Emmanuel Lévinas. Der Umstand, dass es sich dabei ausnahmslos um Positionen handelt, die in der kontinentalen Philosophie des 20. Jahrhunderts zu verorten sind, hängt mit dem Thema der vorliegenden Arbeit eng zusammen. Die eingangs festgestellte Heterogenität des Diskurses, in den sich die Frage der Vergebung einschreibt, lässt sich nämlich nicht allein auf einen unkritischen Sprachgebrauch reduzieren, der dazu tendiert, die Grenze zwischen der Vergebung und benachbarten Begriffen wie der Entschuldigung, der Verjährung, dem Bedauern und der Amnestie zu verwischen. Vielmehr verweist diese Beobachtung auf eine bestimmte historische Konstellation, die aus einem Prozess hervorgegangen ist, in dem der Begriff der Vergebung – oder das, was man für ihren Begriff halten könnte – eine Art Wiederbelebung erfahren hat.

Die seit geraumer Zeit zu beobachtende Zunahme von öffentlichen Szenen der Reue und der Bitte um Vergebung hat Jacques Derrida dazu veranlasst, das 20. Jahrhundert als „Jahrhundert der Vergebung" zu bezeichnen.[7] Hinter dieser Bezeichnung verbirgt sich eine Problemanzeige, die untrennbar ist von der katastrophalen Beschleunigung und Überstürzung der Geschichte, die das 20. Jahrhundert vor allem in seiner ersten Hälfte geprägt hat. Folgt man Derrida, so konnte der Ruf nach Vergebung in dem Maße an Lautstärke gewinnen, in dem der europäischen und internationalen Öffentlichkeit die Tragweite der Verbrechen bewusst zu werden begann, die in der ersten Hälfte dieses Jahrhunderts verübt wurden.[8] Im selben Maße wuchs die Ahnung, dass zwischen dem ungeheuren Ausmaß dieser Verbrechen und der Möglichkeit ihrer Bewältigung ein Abgrund klafft, den eine bestimmte politische oder juristische Praxis nur notdürftig würde schließen können. Die ‚Vergebung' wäre somit das

7 Jacques Derrida (im Gespräch mit Michel Wieviorka): Jahrhundert der Vergebung. Verzeihen ohne Macht – unbedingt und jenseits der Souveränität, aus d. Franz. v. Michael Wetzel. In: *Lettre International* 48 (Frühjahr 2000), S. 10–18, hier S. 10.

8 Ebd., S. 11.

Signum einer Epoche, welche in besonderem Maße geprägt worden ist durch die Erfahrung einer scheinbar durch nichts wiedergutzumachenden Schuld.

Anfang der 1970er Jahre, also noch lange bevor die Thematik der Shoah die kulturelle Aktualität zu beherrschen begann, veröffentlichte der französische Philosoph Vladimir Jankélévitch einen seinerzeit nur wenig beachteten Essay[9] unter dem mit einem kritischen Fragezeichen versehenen Titel *Pardonner?*, in dem diese Erfahrung auf erschütternde Weise zum Ausdruck gebracht wird:

> Mitunter fühlen sich die Menschen unserer Generation als Träger eines schweren und unaussprechbaren Geheimnisses, das sie von ihren Kindern trennt. Wie sollen sie ihnen die Wahrheit sagen? Dieses schändliche Geheimnis, das wir nicht benennen können, ist das Geheimnis des Zweiten Weltkrieges und in gewisser Weise das Geheimnis des modernen Menschen: Auf unserer Moderne lastet nämlich der ungeheure Holocaust wie ein unsichtbares Schuldgefühl, selbst wenn man nicht darüber spricht.[10]

Die Publikation dieses Textes liegt mittlerweile über 40 Jahre zurück. Die letzten Zeitzeugen des Zweiten Weltkriegs und der nationalsozialistischen Verbrechen sind endgültig im Begriff zu verschwinden. Ebenso die Täter und Opfer von einst. Inwiefern das unsichtbare Schuldgefühl, von dem Jankélévitch spricht, auch heute noch – und insbesondere unter jungen Menschen – konkrete Effekte und Wirkungen zeitigt, ist eine Frage, die nur schwer zu beantworten ist. Unzweifelhaft jedoch erscheint, dass die Erfahrung des Holocaust eine historische Zäsur markiert, die die Philosophie, sofern sie eine kritische Disziplin zu sein beansprucht, nicht ignorieren darf. Das Denken nach 1945 kann nicht mehr in denselben Bahnen verlaufen wie vorher. Dies betrifft in besonderem Maße die Frage der Vergebung. Die Shoah gehört zu den Dingen, die unverzeihlich sind. Und das Unverzeihliche stellt den Prüfstein dar, an dem sich das Nachdenken darüber, was Vergebung ist, was sie sein kann oder sein sollte, auszurichten hat. Wer ernsthaft über Vergebung nachdenkt und etwas zu ihrem Verständnis beitragen will, das über die

9 Was die Rezeption Jankélévitchs und das allgemeine geistige Klima betrifft, in dem sich die Diskussion um die Frage des Umgangs mit dieser historischen Schuld entfaltet hat, vgl. Jürg Altwegg: Kein Vergessen, kein Verstehen, kein Verzeihen – Vladimir Jankélévitch und die Deutschen. In: Vladimir Jankélévitch: *Das Verzeihen. Essays zur Moral und Kulturphilosophie*, hrsg. v. Ralf Konersmann, aus d. Franz. v. Claudia Brede-Konersmann. Frankfurt am Main: Suhrkamp 2003, S. 9–22.

10 Vladimir Jankélévitch: Verzeihen? In: Ebd., S. 243–282, hier S. 245.

Feststellungen einer oberflächlichen Alltagspsychologie hinausgeht, der sollte es mit diesem Anspruch aufnehmen und die Vergebung an demjenigen Ort aufsuchen, an dem sich ihre Frage in voller Radikalität stellt: angesichts des Unverzeihlichen. Das Unverzeihliche ist sicher keine Erfindung des 20. Jahrhunderts; Verbrechen, die als unverzeihlich zu bezeichnen sind, hat es vermutlich schon immer gegeben. Eine Besonderheit und ein Novum stellt das 20. Jahrhundert jedoch insofern dar, als die in ihm begangenen Verbrechen in einem ganz anderen Maßstab bekannt und sichtbar gemacht, archiviert und erinnert wurden als die Verbrechen früherer Jahrhunderte.[11]

Vor diesem allgemeinen zeitgeschichtlichen Hintergrund nimmt es wunder, weshalb die Frage der Vergebung im Nachkriegsdenken – wie in der Philosophie überhaupt – nicht einen größeren Raum eingenommen hat und immer ein mehr oder weniger randseitiges Thema geblieben ist. Ein Grund dafür liegt sicherlich darin, dass die Idee der Vergebung einem religiösen Erbe angehört und durch eine entsprechende Tradition überliefert wurde. Es wäre jedoch verkehrt, daraus die Schlussfolgerung zu ziehen, dass ausschließlich die Theologie für diese Frage zuständig sei. Schließlich drängt sich die Vergebung – im Zuge eines Prozesses, den Derrida als eine „Globalisierung" gekennzeichnet hat bzw. als einen „Christianisierungsprozess, der die christliche Kirche nicht mehr braucht" – mittlerweile auch „Kulturen auf, die ursprünglich weder europäisch noch ‚biblisch' sind", wobei diese Diffusion nicht nur eine räumliche Komponente aufweist, sondern auch eine, die quer durch die Felder des Rechts, der Politik, der Diplomatie und der Ökonomie verläuft.[12] Entsprechend vielfältig sind denn auch die Disziplinen, in denen sich mittlerweile, wenn auch vereinzelt, Beiträge zur Vergebung finden lassen.[13] Dieser Befund sollte jedoch nicht darüber hinwegtäuschen, dass die Vergebung trotz der Entfernung, die sie von ihrem religiösen Ursprung trennt, untrennbar an diesen gebunden bleibt. Eine Reflexion über die Vergebung, die für sich beansprucht,

11 Vgl. Derrida: Jahrhundert der Vergebung, S. 11.

12 Ebd., S. 10.

13 Vgl. Paul M. Hughes: Forgiveness. In: *Stanford Encyclopedia of Philosophy* (Winter 2011 edition), hrsg. v. Edward N. Zalta. http://plato.stanford.edu/archives/win2011/entries/forgiveness/ (Zugriff am 02.01.2014).

dezidiert philosophisch zu verfahren, kann diesen Anspruch daher nur in dem Maße einlösen, in dem sie sich ihres eigenen Standorts vergewissert und den religiösen Ursprung der Vergebung nicht stillschweigend zu übergehen, sondern ihm in einer angemessenen Weise Rechnung zu tragen sucht.

Neben der Frage nach der für die Vergebung zuständigen Disziplin und Kompetenz scheint es jedoch noch einen tieferliegenden Grund dafür zu geben, weshalb der Thematik der Vergebung ein Heimatrecht in der Philosophie bis auf den heutigen Tag mehr oder weniger verwehrt geblieben ist:

> Daß die Philosophie sich über weite Strecken ausschweigt, könnte mit einem unterschwelligen Unbehagen zusammenhängen: Bekanntlich dringt Philosophie auf Definitionen und klar umrissene Begriffe. Womöglich ahnt sie, daß ‚Verzeihung' sich solchen Festlegungen entzieht und Philosophie sich auf Grenzgänge einlassen müßte, die rasch auf Holzwege oder in Sackgassen führen könnten.[14]

Gegen die Gefahr eines solchen Irrgehens ist freilich auch die vorliegende Arbeit nicht gefeit. Sie versteht sich dementsprechend als *Versuch einer Annäherung*. Daher der Titel, den ich dieser Arbeit gegeben habe: *Zur Vergebung*. Die vorangestellte Präposition soll den weghaften und suchenden Charakter einer Reflexion zum Ausdruck bringen, die nicht von einem festen Wissen um ihren Gegenstand (etwa in Gestalt einer vorgängigen Definition) ausgeht, sondern die diesen überhaupt erst einer philosophischen Thematisierung zugänglich zu machen sucht. Während dieser Suche wird uns Paul Ricœur als Gewährsmann und Lotse dienen. Die Vermutung, dass sich die Vergebung möglicherweise nicht ohne weiteres in eine Definition einschließen und auf diese Weise ‚dingfest' machen lässt, liegt auf einer Linie mit Ricœurs Diktum, dass es nicht nur schwierig sei, „*Vergebung zu gewähren und zu erlangen, ebenso schwierig ist es, sie begrifflich zu fassen*."[15]

Diese Schwierigkeit wird uns über die gesamte Länge der vorliegenden Arbeit hinweg begleiten. Dass sie keinen akzidentiellen und letzten Endes vernachlässigenswerten Zug darstellt, sondern absolut konstitutiv ist für dasjenige, was wir ‚Vergebung' nennen, kann als die zentrale These angesehen werden, welche die vorliegende

14 Klaus-Michael Kodalle: *Annäherungen an eine Theorie des Verzeihens*. Stuttgart: Steiner 2006, S. 7.

15 Ricœur: *Gedächtnis, Geschichte, Vergessen*, S. 699; Hervorhebung F. B.

Arbeit zu plausibilisieren sucht. Diese These verbindet sich zum einen mit der Überzeugung, dass es an der Vergebung etwas gibt, das sich jeder Vereinnahmung – sei sie begrifflicher, praktischer, politischer oder selbst therapeutischer Art – entzieht und in seiner Unzugänglichkeit respektiert werden muss. Zum anderen verbindet sie sich mit einer grundlegenden Skepsis gegenüber denjenigen Ansätzen, die von der Voraussetzung ausgehen, dass es sich beim Vergeben um eine ‚Fähigkeit' handelt – eine Kompetenz, ein Können oder gar eine Technik, die jeder Mensch erlernen und über die er souverän verfügen kann. Zwar bezweifle ich nicht, dass Menschen etwas dafür tun können, ihre Bereitschaft zur Vergebung zu erhöhen. Aber diese Einflussmöglichkeit bezieht sich eben nur auf die Bereitschaft zu vergeben, nicht auf das Vergeben selbst. Die Vergebung impliziert mehr als eine bloße Entschuldigung, mehr als ein bloßes Verzeihen.[16] Wenn jemand tatsächlich vergibt, dann handelt es sich dabei um ein Ereignis, dessen Eintritt unvorhergesehen, singulär und unberechenbar bleibt. Nicht nur für denjenigen, dem vergeben wird, sondern auch für denjenigen, der vergibt, stellt die Vergebung in einem gewissen Grad etwas Überraschendes und Unerklärliches dar; etwas, das einem widerfährt, ohne dass man in der Lage wäre anzugeben, wie genau es dazu gekommen ist. Die Vergebung markiert eine Zone der menschlichen Erfahrung, die sich gegen eine absolute Verobjektivierung sperrt. Das bedeutet freilich nicht, dass es über die Vergebung nichts zu sagen gäbe, sondern lediglich, dass ihr etwas anhaftet, das rätselhaft bleibt und sich nicht restlos ergründen lässt. Dieser Zusammenhang, den es im Folgenden genauer zu bestimmen gilt, impliziert, dass die Vergebung

16 Wenn ich den im Titel verwendeten Ausdruck ‚Vergebung' dem Ausdruck ‚Verzeihen' vorziehe, so deshalb, weil in ihm stärker anklingt, dass die Vergebung nichts Alltägliches darstellt. Das Verzeihen hingegen schon: Wer es versäumt, einer Person die Tür aufzuhalten, wer jemanden unabsichtlich anrempelt oder verspätet zu einer Verabredung erscheint, der wird in der Regel um ‚Verzeihung' oder ‚Entschuldigung' bitten, nicht um ‚Vergebung'. Diese Differenzierungsmöglichkeit ist im Französischen nicht gegeben, da das Wort ‚*pardon*' ebenso mit ‚Vergebung' wie mit ‚Verzeihung' übersetzt werden kann. Die Übersetzer Ricœurs gehen unterschiedlich damit um. Während der Ausdruck ‚*pardon*' in *Gedächtnis, Geschichte, Vergessen* konsequent mit ‚Vergebung' wiedergegeben wird, ist in *Das Rätsel der Vergangenheit* (Paul Ricœur: *Das Rätsel der Vergangenheit. Erinnern – Vergessen – Verzeihen*, aus d. Franz. v. Andris Breitling / Henrik Richard Lesaar. Göttingen: Wallstein 1998) mal von ‚Vergebung' und mal von ‚Verzeihung' die Rede, wobei die Übersetzung in dieser Hinsicht keiner bestimmten Regel zu folgen scheint.

nicht – oder zumindest nicht uneingeschränkt – als ein Können gehandhabt werden kann. Kurzum, die Vergebung ist in keiner Weise etwas Einfaches oder Leichtes. Die vorliegende Arbeit kann insofern auch als ein Plädoyer dafür gelesen werden, es sich mit der Vergebung nicht zu einfach zu machen – weder in praktischer noch in theoretischer Hinsicht.

Neben diesem zentralen Punkt, der darauf abzielt, die Behandlung der Vergebung in der Sprache und Begrifflichkeit des Vermögens (als Können, Kompetenz, Fähigkeit, Technik etc.) grundsätzlich in Frage zu stellen, gibt es einen weiteren Punkt, auf den ich während der nachfolgenden Lektüre ein besonderes Augenmerk legen möchte. Dieser zweite Punkt stellt keine eigentliche These dar; er beschränkt sich vielmehr darauf, auf eine Korrelation hinzuweisen, die für die Vergebung maßgeblich zu sein scheint: dabei handelt es sich um *die Beziehung zwischen der Vergebung und der Zeit*. Dass diese beiden Begriffe irgendwie miteinander zu tun haben, erscheint naheliegend. Sprechen wir nicht davon, dass ‚Vergebung Zeit braucht'? In welchem Sinne ist dieser Ausdruck jedoch zu verstehen? Fest steht jedenfalls, dass sich die Beziehung zwischen der Vergebung und der Zeit nicht auf eine Frage des bloßen Maßes reduzieren lässt; wie lange es braucht, um ein bestimmtes Vergehen zu vergeben (eine Vergewaltigung, einen Verrat, den Mord an einem Angehörigen etc.), kann man weder quantifizieren noch messen. Wann jemand vergibt – und ob es überhaupt dazu kommt –, ist schlechthin unberechenbar. Was sich jedoch sagen lässt, ist, dass die Vergebung – so sie denn statthat – einen *Neubeginn* darstellt, und zwar sowohl für den Schuldigen als auch für denjenigen, der das Wort der Vergebung ausspricht. Die Vergangenheit wird durch die Vergebung nicht annulliert, das vergangene Unrecht wird nicht ausgestrichen. Aber es verliert seine Schwere. Derart von dem Gewicht des Vergangenen befreit, werden der Schuldige und derjenige, der vergibt, in die Lage versetzt, ihre Existenz neu auf die Zukunft hin auszurichten. Die Geschichte verliert dadurch ihre Abgeschlossenheit; sie kann weitergehen. Die Vergebung schafft Raum für Neues – als ob sich die Zeit selbst verjüngen würde, als ob sich in ihr eine Öffnung auftäte, durch die das Neue als Möglichkeit in die Welt treten kann. Es hat also den Anschein, als ob nicht nur die Zeit auf die Vergebung einwirkt, sondern dass es sich auch umgekehrt verhält. Wie genau dieser Zusammenhang jedoch beschaffen ist und ob es möglich ist, über ihn in einem anderen Modus als dem des ‚als ob' zu sprechen, sind Fragen, die über den Rahmen der vorliegenden Arbeit hinausweisen. Dementsprechend wird sich die nachfolgende Untersuchung darauf beschränken, auf die Berührungspunkte hinzuweisen, an denen sich eine Verbindung zwischen der Frage der Vergebung und der Zeit abzeichnet, ohne diese jedoch in einer umfassenden Weise ausarbeiten zu können.

Abschließend noch ein Hinweis zu der im Folgenden verwendeten Belegpraxis: Da sich der Hauptteil der vorliegenden Arbeit über seine gesamte Länge hinweg in großer Nähe zu dem Gegenstand seiner Lektüre hält und entsprechend viele Zitate aus dem Epilog von *Gedächtnis, Geschichte, Vergessen* übernimmt, werden sämtliche Belege und Zitate aus *Gedächtnis, Geschichte, Vergessen* – auch solche, die nicht aus dem Epilog, sondern aus einem anderen Teil des Buches stammen – im Fließtext selbst an der entsprechenden Stelle mit einer einfachen Seitenzahl in runden Klammern belegt. Steht im Fließtext in runden Klammern „ebd.“, so bezieht sich diese Angabe immer auf die jeweils zuvor genannte Seitenzahl aus *Gedächtnis, Geschichte, Vergessen*; ein „ebd.“ in einer Fußnote hingegen bezieht sich stets auf die Angabe in der jeweils vorangegangenen Fußnote. Aus Gründen der Lesbarkeit folgt die Zitation der vorliegenden Arbeit der deutschen Übersetzung; wo es der Kontext angeraten sein lässt, werden die entsprechenden Ausdrücke oder Begriffe aus dem französischen Original jedoch zusätzlich angegeben.

Hauptteil: Der schwierige Weg der Vergebung bei Paul Ricœur

I. Vorbemerkungen: Paul Ricœur und die Frage der Vergebung

Die Auseinandersetzung mit der Frage der Vergebung fällt in Paul Ricœurs Spätwerk. Ihren Niederschlag gefunden hat sie in zwei Veröffentlichungen, die in inhaltlicher und thematischer Hinsicht als eine Einheit angesehen werden können: *Das Rätsel der Vergangenheit* und *Gedächtnis, Geschichte, Vergessen*. *Das Rätsel der Vergangenheit*, ein schmaler Band von rund 150 Seiten, der in dieser Form nur in deutscher Übersetzung vorliegt, enthält zwei aufeinander aufbauende Abhandlungen, die beide auf Vorträge zurückgehen, die Ricœur Ende der 1990er Jahre gehalten hat.[17] Zusammengenommen können

17 Die erste Abhandlung trägt (ebenfalls) den Titel „Das Rätsel der Vergangenheit" (Ricœur: *Das Rätsel der Vergangenheit*, S. 19–67) und gibt den sechsten und letzten Vortrag eines Seminars wieder, das 1997 am *Collège International de Philosophie* gehalten wurde. Erneut zum Vortrag kam dieser Text am 27. März 1998 anlässlich einer von Burkhard Liebsch und Jean-Marc Tétaz veranstalteten Tagung, die unter den Titel „Selbst – Andersheit – Geschichte. Narrative Sinnbildung und Identität im Ausgang von Paul Ricœur" am Kulturwissenschaftlichen Institut im Essen abgehalten wurde. Die zweite Abhandlung ist überschrieben mit „Die vergangene Zeit lesen: Gedächtnis und Vergessen" (ebd., S. 69–156) und geht zurück auf eine Vorlesung, die Ricœur im November 1996 im Rahmen eines an der *Universidad Autónoma de Madrid* veranstalteten Doktorandenkurses zum Thema „Sagen und

diese beiden Abhandlungen als Entwurf und Vorstudie angesehen werden für die nahezu 800 Seiten umfassende Monographie *Gedächtnis, Geschichte, Vergessen.* Sämtliche Themen und Fragestellungen, die Ricœur in *Das Rätsel der Vergangenheit* behandelt – Erinnerung und Imagination, historische Erkenntnis und Zeugenschaft, individuelles und kollektives Gedächtnis, Trauma und Vergessen, um nur eine Auswahl zu nennen –, werden in *Gedächtnis, Geschichte, Vergessen* wieder aufgenommen, vertieft und weitergeführt. Die auf *Das Rätsel der Vergangenheit* bezogene Feststellung Burkhard Liebschs, dass „in der Vielzahl der in sehr gedrängter Form zur Sprache gebrachten Themen [...] deutlich die Spuren der kollektiven Gewalterfahrungen des 20. Jahrhunderts zu erkennen [sind]"[18], lässt sich uneingeschränkt auch auf *Gedächtnis, Geschichte, Vergessen* übertragen.

Ein ähnliches Verhältnis der Kontinuität zeichnet sich ab, wenn man die Abschnitte in beiden Schriften vergleicht, in denen sich Ricœur mit der Vergebung auseinandersetzt. Sowohl in *Das Rätsel der Vergangenheit* als auch in *Gedächtnis, Geschichte, Vergessen* erfolgt die Untersuchung der Vergebung jeweils am Ende; wobei diesem Umstand, wie wir noch sehen werden, bereits eine gewisse Aussagekraft zukommt im Hinblick darauf, wie sich die Frage der Vergebung zu der Problematik des Gedächtnisses, der Geschichte und des Vergessens verhält. Während Ricœur seine Reflexion auf die Vergebung in *Das Rätsel der Vergangenheit* noch mit einer Kritik des sogenannten „leichten Verzeihens" – dem Verzeihen aus Selbstgefälligkeit, aus Wohlwollen oder aus Nachsicht – beginnen lässt[19] und seine Studie mit dem Gedanken eines „schweren Verzeihens" beschließt[20], kündigt sich die Reflexion auf die Vergebung in *Gedächtnis, Geschichte, Vergessen* von Anfang an unter dem Titel einer „schwierigen Vergebung" an (vgl. S. 697). Die größte Kontinuität zwischen beiden Schriften besteht dabei in denjenigen Abschnitten, in denen Ricœur das Verhältnis zwischen dem Begriff der Gabe und der Vergebung analysiert. Die weitgehenden (teilweise bis in den Wortlaut ganzer Passagen reichenden) Übereinstimmungen, die zwischen dem mit

Nicht-Sagen: das implizierte Subjekt" gehalten hat (vgl. Burkhard Liebsch: Vorwort. In: Ricœur: *Das Rätsel der Vergangenheit*, S. 7–18, hier S. 8, Anm. 2).

18 Liebsch: Vorwort, S. 8.

19 Vgl. Ricœur: *Das Rätsel der Vergangenheit*, S. 144–148.

20 Vgl. ebd., S. 153–156.

„Geben und Vergeben" überschriebenen Abschnitt[21] aus *Das Rätsel der Vergangenheit* und dem entsprechenden Abschnitt aus dem Epilog von *Gedächtnis, Geschichte, Vergessen* bestehen, legen die Vermutung nahe, dass die Idee einer zwischen der Gabe und der Vergebung bestehenden Verbindung von Ricœur bereits sehr früh ins Auge gefasst worden ist. Geändert hat sich allerdings die Gewichtung: Während Ricœur in dem früheren Text noch davon spricht, dass der Begriff der Gabe „für den Begriff des Verzeihens grundlegend ist"[22], zeigt er sich – hinsichtlich der Relevanz dieses Zusammenhangs für die Problematik der Vergebung als Ganzes – in *Gedächtnis, Geschichte, Vergessen* um einiges zurückhaltender, wie sich bereits an dem Titel ablesen lässt, der dem betreffenden Abschnitt nur den Status einer „Etappe" zuerkennt (vgl. S. 731).[23] Eine der wesentlichen Neuerungen in *Gedächtnis, Geschichte, Vergessen* besteht darin, dass Ricœur seine Überlegungen zur Vergebung in der Gestalt eines Weges anordnet.

Ehe der Verlauf dieses Weges skizziert wird, soll zunächst noch eine Bemerkung darauf verwendet werden, den inneren Aufbau von *Gedächtnis, Geschichte, Vergessen* darzustellen, und zwar im Hinblick auf die Frage, wie sich der Epilog „Schwierige Vergebung" in dieses Werk einfügt. *Gedächtnis, Geschichte, Vergessen* gliedert sich in drei große Teile, die Ricœur in thematischer und methodischer Hinsicht klar voneinander abgrenzt. Der erste Teil ist einer phänomenologischen Untersuchung des Gedächtnisses und der Erinnerung gewidmet („Über Gedächtnis und Erinnerung", S. 19–205). Thema des zweiten Teils ist die Geschichte, wobei sich diese Untersuchung als eine Epistemologie der historischen Erkenntnis präsentiert („Geschichte und Epistemologie", S. 207–437). Im Zentrum

21 Vgl. ebd., S. 148–153.

22 Ebd., S. 148.

23 Die hier skizzierte Kontinuitätslinie lässt sich noch über *Gedächtnis, Geschichte, Vergessen* hinaus verlängern: In *Wege der Anerkennung*, dem letzten größeren Werk, das vor Ricœurs Tod publiziert wurde, greift dieser noch einmal die Thematik von Gabe und Gegengabe auf, wobei Ricœur hierbei wiederum an seine Überlegungen in *Gedächtnis, Geschichte, Vergessen* anknüpft. Vgl. Paul Ricœur: *Wege der Anerkennung. Erkennen, Wiedererkennen, Anerkanntsein*, aus d. Franz. v. Ulrike Bokelmann / Barbara Heber-Schärer. Frankfurt am Main: Suhrkamp 2006, S. 282–290 (Dritte Abhandlung, Kapitel V, Abschnitt 2 „Die Paradoxien von Gabe und Gegengabe und die Logik der Gegenseitigkeit"), 290–305 (Abschnitt 3 „Gabentausch und wechselseitige Anerkennung").

des dritten Teils, der in eine Betrachtung über das Vergessen einmündet (S. 633–696), steht eine Hermeneutik der *conditio historica*[24], die auf der Überzeugung gründet, dass die Frage nach dem ‚Sinn' von Geschichte untrennbar ist von der Frage danach, was es bedeutet, geschichtlich zu existieren („Die *conditio historica*", S. 439–696). Diese ternäre Gliederung setzt sich auf der Binnenebene fort, da jeder der drei Teile einen Parcours durchläuft, der seinerseits durch einen Dreierrhythmus skandiert wird (vgl. S. 16).

Wie steht es nun um das Verhältnis dieser drei Teile zu dem Epilog? Kennzeichnen lässt sich diese Relation mithilfe einer Metapher, die Ricœur im Vorwort verwendet, um die Weise der Zusammengehörigkeit der drei Teile zu charakterisieren: „Diese drei Teile bilden jedoch nicht drei Bücher. Die drei Masten tragen zwar jeweils eigene, wenn auch ineinander verschlungene Segel, doch gehören sie zu ein und demselben Schiff, das einem einzigen Kurs folgt." (S. 16–17) In dem Ausruf, mit dem Ricœur das Vorwort beschließt, greift er diese nautische Metaphorik wieder auf: „Möge denn unser Dreimaster in See stechen!" (S. 18) Wenn der allgemeine Kurs der auf den Namen *Gedächtnis, Geschichte, Vergessen* getauften Unternehmung durch die Frage nach der „Repräsentation des Vergangenen" bezeichnet wird (vgl. S. 17) und wenn „das Ziel dieser ganzen Suche den schönen Namen ‚Glück' verdient" (S. 760), wie Ricœur am Ende rückblickend konstatiert, worauf hält dieser Dreimaster dann in letzter Instanz zu? Eine Antwort auf diese Frage erhält man, wenn man einen großen Sprung macht und sich den Bemerkungen zuwendet, die dem Epilog vorangestellt sind:

> Die Vergebung – wenn sie denn einen Sinn hat und wenn es sie überhaupt gibt – ist *der gemeinsame Horizont des Gedächtnisses, der Geschichte und des Vergessens.* Immer im Hintergrund, entzieht sich der Horizont dem Zugriff. Er macht die Vergebung schwierig: weder leicht noch unmöglich. (S. 699; Hervorhebung F. B.)

24 Ricœur verwendet den Ausdruck ‚*conditio historica*' zur Kennzeichnung der geschichtlichen Seinsweise des Menschen. Dass Ricœur diesen Ausdruck dem geläufigeren Ausdruck ‚Geschichtlichkeit' vorzieht, den man ebenfalls zur Charakterisierung dieser Seinsweise hätte verwenden können, begründet er „mit den Zweideutigkeiten", die sich aus der relativ langen Geschichte dieses Begriffs ergeben: „Aus einer grundsätzlicheren Erwägung heraus" – so Ricœur – „ziehe ich den Ausdruck ‚*conditio historica*' vor. Dabei verstehe ich unter *conditio* zweierlei: zum einen eine Situation, in der ein jeder sich jeweils impliziert […] findet; zum anderen eine Bedingtheit im Sinne einer Bedingung der Möglichkeit von ontologischem Rang oder […] von existenzialem Rang […]. *Wir machen Geschichte, und wir schreiben Geschichte, weil wir geschichtlich sind.*" (S. 441–442; Hervorhebung F. B.)

Die Vergebung bezeichnet also den äußersten „Erfüllungshorizont“ (S. 444, 760), in den das Gedächtnis, die Geschichte und das Vergessen einmünden, wobei Ricœur das Wagnis eingeht, „in dieser Hinsicht von Eschatologie zu sprechen, um die antizipatorische und projektive Dimension dieses äußersten Horizonts zu unterstreichen.“ (S. 760)

Kommen wir nun zu dem Aufbau des Epilogs. Wie bereits erwähnt, ordnet Ricœur seine Überlegungen zur Vergebung in Gestalt eines Weges an. Dieser verbindet jedoch nicht in gerader Linie einen Ausgangs- und einen Zielpunkt, sondern weist einen komplexen und windungsreichen Verlauf auf, der dem Leser einige Geduld und Ausdauer abverlangt. Die einzelnen Etappen dieses Parcours sind gekennzeichnet durch wiederholte Unterbrechungen, Aufschübe und erneute Anlaufversuche, die den Hindernissen geschuldet sind, auf welche die Untersuchung verschiedentlich stößt und die die Erkundung einiger Seitenpfade erforderlich machen. Im ersten Abschnitt des Epilogs formuliert Ricœur die „Gleichung der Vergebung“ unter Berücksichtigung der vertikalen Asymmetrie zwischen den beiden Polen Schuld und Vergebung; die Untersuchung beginnt hierbei am unteren Pol der Schuld, die Ricœur in dem anthropologischen Vermögen der Zurechenbarkeit fundiert (I. „Die Gleichung der Vergebung“, S. 702–716). Da die Gleichung der Vergebung sich zunächst als eine Ungleichung herausstellt und in die Nähe einer Bruchstelle führt, wird der Reflexion ein langer Umweg aufgenötigt. Dieser Umweg, der in einer „Sondierung der Kluft zwischen der unverzeihlichen Schuld und der unmöglichen Vergebung“ (S. 754) besteht und von Ricœur unter den Titel einer „Odyssee des Geists der Vergebung“ gestellt wird, wird in den beiden folgenden Abschnitten des Epilogs beschritten. In einem ersten Schritt führt diese Odyssee in den Bereich der Justiz und des Rechts, wo der Zusammenhang zwischen Beschuldigung, Bestrafung und Vergebung thematisiert wird (II. „Die Odyssee des Geists der Vergebung: der Weg durch die Institution“, S. 717–730). Während der zweiten Etappe unternimmt Ricœur den Versuch, die vertikale Beziehung zwischen der Tiefe der Schuld und der Höhe der Vergebung in eine horizontale Relation zu transformieren, die den Sprechakt des Schuldigen („ich bitte dich um Vergebung“) und den Sprechakt des Geschädigten („ich vergebe dir“) auf eine Ebene stellt und in ein Austauschverhältnis bringt (III. „Die Odyssee des Geists der Vergebung: die Etappe des Tauschs", S. 731–744). Eine mögliche Auflösung der Gleichung der Vergebung zeichnet sich erst im vierten Abschnitt des Epilogs ab. Der abschließenden Formulierung der Vergebung als einer paradoxen Entbindung des Handelnden von seiner Handlung geht dabei eine Untersuchung voraus, welche das Paar Vergeben und Versprechen in den Blick nimmt (IV. „Rückbesinnung auf sich selbst", S. 745–759). In dem fünften und letzten Abschnitt schließlich, mit dem Ricœur *Gedächtnis, Geschichte, Vergessen* beschließt, blickt er vor dem Hintergrund der Reflexion über die Vergebung rekapitulierend auf „die Gesamtheit des in diesem Buch durchlaufenen Wegs" zurück (S. 760), wobei dieser Rückblick, in den Worten Ricœurs, „gewissermaßen einen Epilog zum Epilog" (ebd.) bildet (V. „Rückbesinnung auf einen gegangenen Weg: Rekapitulation" S. 760–776).

Der Weg der Vergebung, den wir bei Ricœur vorgezeichnet finden, gibt auch der folgenden Untersuchung die Richtung vor. Sie behält sich jedoch vor, eigene Akzentuierungen und Schwerpunkte zu setzen, was zur Folge hat, dass die Diskussion an bestimmten Etappen dieses Weges länger verweilen und intensiver ausfallen wird als an anderen. Da die vorliegende Untersuchung die Reihenfolge beibehält, in die Ricœur seine Überlegungen zur Vergebung gebracht hat, lehnt sich ihr Aufbau eng an den des Epilogs an: Den Auftakt bildet dementsprechend eine Analyse des Verhältnisses zwischen der Schuld und der Vergebung (*Die Gleichung der Vergebung*). Die Abschnitte II und III des Epilogs sind bei mir unter der Überschrift *Ein langer Umweg* zusammengefasst. Der dritte Punkt, *Rückbesinnung auf sich selbst*, entspricht dem IV. Abschnitt des Epilogs.[25]

Auch wenn sich die vorliegende Arbeit großenteils innerhalb der Wegmarken hält, die von Ricœur abgesteckt worden sind, beschränkt sie sich nicht auf einen bloße Rekonstruktion dessen, was bei Ricœur geschrieben steht. Die zentrale Frage, von der diese Arbeit motiviert

25 Die Überlegungen, die Ricœur im V. Abschnitt des Epilogs entwickelt, können nur zum Teil berücksichtigt werden, da die darin vorgenommene Rekapitulation ohne eine genaue Kenntnis der vorangegangenen Teile des Buches unverständlich bleibt. Da der Weg der Vergebung von Ricœur jedoch bereits im IV. Abschnitt „bis zu seinem Ursprungsort zurückverfolgt" wird (S. 760), stellt diese Einschränkung im Hinblick auf die Fragestellung der vorliegenden Arbeit keine wesentliche Beeinträchtigung dar.

wird, gilt nicht dem Autor, sondern der Sache. Was hat es mit dem Vergeben auf sich? Handelt es sich dabei um eine Möglichkeit, über die wir im Modus eines souveränen ‚Könnens' verfügen? Und wie steht es um den vermuteten Zusammenhang zwischen der Vergebung und der Zeit? Diese Fragen werden uns während der nachfolgenden Lektüre als Leitfaden dienen.

II. Lektüre: Der schwierige Weg der Vergebung bei Paul Ricœur

1. Die Gleichung der Vergebung

Es ist wichtig, darauf zu achten, welchen Einstieg in die Problematik Ricœur wählt. So stellt er gleich zu Beginn des Epilogs fest, dass die Vergebung eine *doppelte* Frage aufwirft:

> Einerseits geht es um das Rätsel einer Schuld, die das Handlungsvermögen des „fähigen Menschen" (*homme capable*) lähmt, der wir sind; andererseits geht es – in Antwort darauf – um die mögliche Aufhebung dieser existentiellen Unfähigkeit, die der Ausdruck „Vergebung" bezeichnet. (S. 699)

Die Vergebung kann sich also nur als Antwort auf etwas artikulieren, das ihr radikal heterogen ist. Ohne die Erfahrung der Schuld, die Ricœur hier – im Kontext seiner Anthropologie des ‚fähigen Menschen'[26] – als Beeinträchtigung des Handlungsvermögens bestimmt, würde sich die Frage der Vergebung gar nicht stellen. Insofern stellt die Schuld nicht nur die „Gelegenheit zur Vergebung" (ebd.) dar, sondern bildet auch ihre „existentielle Voraussetzung" (S. 702). Ricœur spricht in diesem Zusammenhang von einer „Polarität", die er mit der Vorstellung einer „vertikalen Ungleichheit zwischen der Tiefe der Schuld und der Höhe der Vergebung" verbindet (ebd.). Diese Polarität ist für die Gleichung der Vergebung, so wie sie von Ricœur im ersten Abschnitt des Epilogs formuliert wird, konstitutiv: „Am Ursprung des Wegs der Vergebung steht das Mißverhältnis zwischen den beiden Polen Schuld und Vergebung." (Ebd.) Die Disproportion zwischen den beiden Polen zwingt uns, die Frage der Vergebung von Anfang an als eine Asymmetrie zu denken. In die Gleichung der Vergebung schreibt sich in Gestalt dieses vertikalen Gefälles also bereits an ihrem Ursprung ein Moment der Ungleichheit ein.

Bemerkenswert ist die Strategie, die Ricœur angesichts dieser anfänglichen Verdoppelung und Asymmetrie verfolgt: Anstatt die beiden Pole einander anzunähern und auf diese Weise zu versuchen, den Höhenunterschied zwischen der Tiefe der Schuld und der Höhe der Vergebung nivellierend auszugleichen, legt er an den Abstand zwischen den beiden Polen ein Maß an, das so extrem

26 Vgl. dazu insbesondere Paul Ricœur: *Das Selbst als ein Anderer*, aus d. Franz. v. Jean Greisch in Zusammenarbeit mit Thomas Bedorf / Birgit Schaaff. München: Fink 1996.

ist, dass die Spannung zwischen ihnen schließlich bis „in die Nähe eines Bruchpunkts" (S. 700) führt. Der Aufweis dieses Abstands erfolgt bei Ricœur in zwei Schritten: auf die Untersuchung der in der Tiefe verorteten Schuld folgt die Untersuchung der Höhe, von der herab, in den Worten Ricœurs, „die Vergebung verkündet wird" (S. 712).

Deszendenz: Die Tiefe der Schuld

> **altus** [lat.]
> A. (nach oben gemessen) 1. **hoch**; 2. *metaph.* **hoch**; *occ.* **erhaben, hehr**; 3. *subst. n.* **Höhe**; *occ.* Himmelshöhe, **Himmel**. […]
> B. (nach unten gemessen) 1. **tief**; 2. *metaph.* **tief**; *occ. a.* **innerlich**; *b.* **geheim, versteckt**; 3. *subst. n.* **Tiefe, Inneres, Grund**; *occ.* **altum** das (tiefe) **Meer**, die hohe **See**.
>
> (*Stowasser. Lateinisch – deutsches Schulwörterbuch*)

Ricœur beginnt die Analyse der Schuld mit einer eindeutigen Feststellung: „Die Schuld ist die existentielle Voraussetzung der Vergebung" (S. 702). In anderen Worten: Wo keine Schuld ist, da kann es auch keine Vergebung geben. Wie lässt sich die Schuld nun einer philosophischen Untersuchung zugänglich machen?

Ricœur geht in seiner Analyse nicht von einem juristischen Schuldbegriff aus, sondern von der Weise, in der uns die Erfahrung der Schuld primär gegeben ist: als *Gefühl* (vgl. ebd). Ricœur zufolge liegt darin eine erste Schwierigkeit beschlossen, da sich die Philosophie, insbesondere die Moralphilosophie, im Allgemeinen nur „wenig mit Gefühlen als spezifischen, von Emotionen und Leidenschaften unterschiedenen Affektionen beschäftigt hat" (ebd.).[27] Dass die Erfahrung der Schuld als Gefühl gegeben ist, heißt jedoch nicht, dass sie der Reflexion entzogen wäre. Im Gegenteil: „Die Gefühle nähren die Reflexion, sie sind ihr Stoff", wie der französische

27 Dieser Einschätzung Ricœurs ist zumindest aus heutiger Sicht nur bedingt zuzustimmen; im Zuge der philosophischen Wiederentdeckung der Emotionen sind eine ganze Reihe von Publikationen erschienen, die sich auch mit der moralphilosophischen Bedeutung von Gefühlen und anderen affektiven Phänomenen beschäftigen. Vgl. exemplarisch (und mit weiteren Literaturangaben) Christoph Demmerling / Hilge Landweer: *Philosophie der Gefühle. Von Achtung bis Zorn.* Stuttgart / Weimar: J. B. Metzler 2007; Sabine A. Döring (Hrsg.): *Philosophie der Gefühle.* Frankfurt am Main: Suhrkamp 2009.

Philosoph Jean Nabert[28] schreibt, auf dessen Studie *Éléments pour une éthique*[29] Ricœur seine eigene Analyse über weite Strecken stützt. In der Terminologie Naberts stellt die Schulderfahrung (neben der Erfahrung des Scheiterns und der Erfahrung der Einsamkeit) eine „Gegebenheit der Reflexion"[30] dar; „sie gibt ihr zu denken" (S. 703), wie Ricœur in Abwandlung einer bekannten Formulierung aus der *Symbolik des Bösen* schreibt.[31] Mit dieser Bestimmung knüpft Jean Nabert an Karl Jaspers an, der die Schuld zu den „Grenzsituationen" zählt, zu denen auch der Tod, das Leiden und der Kampf gehören.[32] Was gibt die Schuld der Reflexion nun zu denken?

Ricœur geht es zunächst darum, die grundlegende Struktur aufzudecken, in der die Schulderfahrung eingebettet ist. Diese Struktur erkennt er in dem Vermögen der *Zurechenbarkeit* (*imputabilité*), das für seine gesamte Konzeption von zentraler Bedeutung ist:

> Es kann nämlich nur da Vergebung geben, wo man jemanden beschuldigen kann, ihn für schuldig halten oder erklären kann. Und beschuldigen kann man nur für Akte, die sich einem Handelnden zurechnen lassen, der sich für ihren wahren Urheber hält. Mit anderen Worten: *die Zurechenbarkeit ist jenes Vermögen, jene Fähigkeit, aufgrund deren Handlungen jemandem in Rechnung gestellt werden können.* (Ebd.; Hervorhebung F. B.)

28 Jean Nabert gehört zu den Vertretern der sogenannten französischen Reflexionsphilosophie, die in Deutschland nur wenig rezipiert wurde. In seiner „Intellektuellen Autobiographie" spricht Ricœur Nabert einen maßgeblichen Einfluss auf die Entwicklung seines eigenen Denkens zu (vgl. Paul Ricœur: Eine intellektuelle Autobiographie (1995). In: Ders.: *Vom Text zur Person. Hermeneutische Aufsätze (1970–1999)*, hrsg. v. Peter Welsen, aus d. Franz. v. Peter Welsen / Jérôme Jaminet. Hamburg: Meiner 2005, S. 3–78, hier S. 7). Eine prägnante Charakterisierung der Philosophie Jean Naberts findet sich in einem Aufsatz von Stefan Orth, der es sich zur Aufgabe macht, die „Spuren des Denkens von Jean Nabert in Paul Ricœurs ‚kleiner Ethik'" aufzuweisen (unter diesem Titel in Andris Breitling / Stefan Orth / Birgit Schaaff (Hrsg.): *Das herausgeforderte Selbst. Perspektiven auf Paul Ricœurs Ethik.* Würzburg: Königshausen & Neumann 1999, S. 59–73).

29 Jean Nabert: *Éléments pour une éthique.* Paris: Presses Universitaires de France 1943, S. 4. Ricœur bezieht sich im Folgenden insbesondere auf das erste Kapitel („L'expérience de la faute") des ersten Buches („Les données de la réflexion"), S. 13–18. Vgl. dazu desweiteren Walter Kirchgessner: *Die Bewegung der Reflexion in der Ethik Jean Naberts.* Inaugural-Dissertation zur Erlangung des Akademischen Grades eines Dr. phil., vorgelegt dem Fachbereich Philosophie/ Pädagogik der Johannes Gutenberg-Universität Mainz, 1983, hier insbesondere S. 53–61.

30 Vgl. Nabert: *Éléments pour une éthique.*

31 Vgl. Paul Ricœur: *Symbolik des Bösen. Phänomenologie der Schuld II.* Freiburg / München: Alber 1971, S. 395: „Das Symbol gibt zu denken."

32 Karl Jaspers: *Philosophie*, Zweites Buch: Existenzerhellung. Berlin: Julius Springer 1932, S. 201–254 (Dritter Hauptteil „Existenz als Unbedingtheit in Situation, Bewußtsein und Handlung", Abschnitt 7 „Grenzsituationen").

Die Zurechenbarkeit ermöglicht es, eine Linie zu ziehen zwischen einer Tat und der Person, die jene verübt hat. Ricœur zufolge ist es diese Verbindung zwischen der Handlung und dem Handelnden, die in der Erfahrung der Schuld „in gewisser Weise schmerzlich affiziert und verletzt" wird (ebd.). Indem die Zurechenbarkeit das ‚Was' der Handlungen mit dem ‚Wer' des Handlungsvermögens verbindet, wird sie zur strukturellen Voraussetzung dafür, dass man jemandem eine Handlung in Rechnung stellen, ihn beschuldigen und Klage gegen ihn führen kann. Kurzum: „Die Schuld ist im Bereich der Zurechenbarkeit zu suchen." (Ebd.)

In der Alltagssprache begegnet uns der Begriff der Zurechenbarkeit (bzw. der Zurechnungsfähigkeit) vor allem in juristischen Zusammenhängen. Man würde jedoch fehl gehen, wenn man den Geltungsanspruch dieses Begriffs allein auf seine juridische Dimension beschränken würde. Bei der Zurechenbarkeit handelt es sich vielmehr um ein grundlegendes menschliches Vermögen, das auf einer Linie liegt mit der Anthropologie des ‚fähigen Menschen', deren Grundzüge Ricœur bereits in früheren Schriften entwickelt hat. So können wir in dem (erstmals 1990 veröffentlichten) Aufsatz „Annäherungen an die Person" lesen,

> was eine hermeneutische Phänomenologie der Person ausmachen könnte: die Sprache, die Handlung, die Erzählung und das ethische Leben. Es wäre übrigens besser, zu sagen: der *sprechende Mensch*, der *handelnde Mensch* (ich füge hinzu: der *erleidende Mensch*), der *Mensch als erzählender* [...] sowie schließlich der *verantwortliche Mensch*.[33]

Ricœur greift nun diese vierfache Bestimmung wieder auf, um dem Begriff der Zurechenbarkeit eine hinreichende anthropologische Grundierung zu verleihen. Was in dem eben zitierten Aufsatz von Ricœur als „das ethische Leben" bzw. „der verantwortliche Mensch" bezeichnet wurde, kehrt im Epilog zu *Gedächtnis, Geschichte, Vergessen* als Zurechenbarkeit wieder: „ich kann sprechen, handeln, erzählen, für meine Handlungen einstehen – sie können mir zugerechnet werden. Die Zurechenbarkeit ist in dieser Hinsicht eine wesentliche Dimension dessen, was ich den ‚fähigen Menschen' (*homme capable*)

33 Paul Ricœur: Annäherungen an die Person (1990). In: Ders.: *Vom Text zur Person*, S. 227–249, hier S. 228. – Dieser Aufsatz stellt in gewisser Weise einen Abriss und eine komprimierte Kurzfassung von *Das Selbst als ein Anderer* dar, dem Werk, in dem Ricœur seine anthropologische Konzeption am umfassendsten dargelegt hat (vgl. auch Peter Welsen: Einleitung. In: Ricœur: *Vom Text zur Person*, S. XI–XXIII, hier S. XVIII).

nenne." (Ebd.) Der Begriff der Zurechenbarkeit, unter dessen Ägide sich die Verbindung der Handlung mit dem Handelnden vollzieht, führt gewissermaßen in das Zentrum der personalen Identität. Er bezeichnet „das Selbst in seiner grundlegenden moralischen Fähigkeit" (S. 760) – der Fähigkeit nämlich, sich selbst als wahren Urheber einer Handlung zu erkennen und für diese einzustehen.

Die Zurechenbarkeit allein kann jedoch nicht garantieren, dass die Schuld vonseiten des schuldigen Subjekts auch tatsächlich anerkannt wird. Man kennt die Strategien des Leugnens, des Abstreitens und Nichtwissenwollens, die darauf abzielen, die Anerkennung einer Schuld zu verhindern. Damit rühren wir an ein grundsätzliches Problem, dessen Behandlung von Ricœur jedoch aufgeschoben und erst ganz am Ende des Weges der Vergebung – unter dem Zeichen einer „Koppelung von Vergebung und Reue" (S. 755) – erneut in Angriff genommen wird. Vorerst beschränkt sich Ricœur darauf, die Untersuchung „in den Grenzen einer Selbstzuschreibung der Schuld zu halten" (S. 704). Diese Begrenzung erlaubt es Ricœur, in die ‚Gleichung der Vergebung' an dieser Stelle einen ersten Sprechakt[34] einzusetzen, der auf die Frage antwortet, in welcher Weise sich die Selbstzuschreibung der Schuld artikuliert: „Die spezifische Form der Selbstzuschreibung von Schuld ist *das Bekenntnis*, jener Sprechakt, durch den ein Subjekt die Beschuldigung auf sich nimmt." (Ebd.; Hervorhebung F. B.) Durch das Schuldbekenntnis wird die auf dem Boden der Zurechenbarkeit hergestellte Verbindung von Akt und Akteur gleichsam besiegelt. Es überwindet den „Abgrund [...] zwischen der Handlung und dem Handelnden" (ebd.).

34 Die Theorie der Sprechakte ist in den 1960er Jahren von J. L. Austin und J. R. Searle begründet worden. Bei den Sprechakten handelt es sich um diejenigen sprachlichen Ausdrücke, die dafür verantwortlich sind, „daß man mit einer sprachlichen Äußerung oder Redehandlung primär etwas tut und nicht primär etwas sagt. Dabei handelt es sich um *performative* Verben wie versprechen, warnen, danken, sich entschuldigen, nicht um konstative Verben wie feststellen, antworten, folgern, auslegen." (Kuno Lorenz: Sprechakt. In: *Enzyklopädie Philosophie und Wissenschaftstheorie*, Bd. 4, hrsg. v. Jürgen Mittelstraß. Stuttgart / Weimar: J. B. Metzler 2004, S. 68–71, hier S. 68.) Wenn man diese performativen Verben hört, ist es klar, dass sie ‚machen', was sie sagen. Besonders deutlich wird dies anhand des Versprechens: „Wenn der Sprecher sagt ‚ich verspreche', ist er tatsächlich zu einer zukünftigen Handlung verpflichtet. Versprechen bedeutet, verpflichtet zu sein, tatsächlich zu ‚tun', was der Satz aussagt." (Ricœur: *Wege der Anerkennung*, S. 167.) – Zur Theorie der Sprechakte bei Ricœur vgl. ferner ders.: *Das Selbst als ein Anderer*, S. 56–60.

Das Rätsel der Schuld wird dadurch jedoch nicht kleiner; im Gegenteil, der eigentliche „Abstieg in die Tiefen der Schulderfahrung" (S. 710) – an dessen Ende sich dunkel das Wort des Unverzeihlichen abzeichnen wird – steht jetzt erst bevor. Das Konzept der Zurechenbarkeit markiert lediglich den Ausgangspunkt für diesen Abstieg, mit dem Ricœur insgesamt auf eine Radikalisierung des Schuldbegriffs abzielt.

Wie Ricœur zunächst feststellt, ist es gewiss legitim, eine Verbindung herzustellen zwischen einer Person und dem, was sie getan hat. Jedes Mal, wenn wir eine Handlung moralisch, juristisch oder politisch verurteilen, tun wir nichts anderes (vgl. S. 704). Zwischen den beiden Seiten der Schuld besteht jedoch ein grundlegender Unterschied. Von der Seite der Handlung her betrachtet (Ricœur bezeichnet diese auch als die ‚gegenständliche' Seite der Schuld), besteht die Schuld in der Verletzung oder Übertretung einer spezifischen Regel oder Pflicht, die greifbare Folgen hat, „das heißt im Grunde genommen in einem Unrecht, das dem Anderen zugefügt wird" (ebd.). Die Handlung wird missbilligt und als schlecht verurteilt. Selbst wenn die Folgen der Übertretung in Form des dem Anderen zugefügten Leids potentiell unendlich sein können, so ist die Schuld in dieser ersten Hinsicht grundsätzlich jedoch „ebenso begrenzt, wie die Regel, die sie verletzt" (S. 705). Die verletzte Regel kann benannt werden; ihre Übertretung sowie die mögliche Sanktion sind in den Gesetzestexten verzeichnet. Der Angeklagte ist zwar immer ein Jemand, aber eben ein Jemand, dem vorgeworfen wird, *etwas Bestimmtes* getan, eine bestimmte Handlung oder Handlungsweise (‚Mord', ‚sexuelle Nötigung' etc.) vollzogen zu haben, die gegen eine klar umrissene Regel verstößt.

Diese Begrenzung, der die Schuld von ihrer gegenständlichen Seite her unterliegt, wird durch das Schuldbekenntnis aufgehoben. Es verbindet gewissermaßen die Außenperspektive auf die Handlung mit der Innenperspektive des Handelnden. Mit dem Bekenntnis wird etwas sichtbar, was Ricœur als die „Verwicklung des Handelnden in die Handlung" (ebd.) bezeichnet. Diese Verwicklung bedeutet soviel wie eine Entgrenzung der Auswirkungen jeder unserer Handlungen auf das Gewissen (vgl. ebd.). Es geht nun nicht mehr allein darum, *was* der Schuldige getan hat, sondern auch darum, *warum* er so und nicht anders gehandelt hat. In den Worten Jean Naberts, den

Ricœur hier erneut anführt, taucht hinter der Frage nach der „Qualität seiner Handlung" die Frage auf nach der „Qualität der Kausalität, der die Handlung entsprang"[35] (ebd.). Das Schuldbekenntnis ist an einen Erkenntnisprozess gebunden, bei dem die Reflexion der oftmals trügerischen Erinnerung zu Hilfe eilt und als Korrektiv gegen mögliche Selbsttäuschungen fungiert:

> Die fragmentarischen Vorstellungen des Gedächtnisses folgen den Streuungslinien der Erinnerung. Die Reflexion hingegen führt ins Zentrum der Selbst-Erinnerung zurück, die der Ort der für das Schuldgefühl konstitutiven Affektion ist. (Ebd.)

Seine Schuld bekennen heißt, *sich selbst* als schuldig erkennen. Das nagende Gefühl der Schuld macht es dem Schuldigen unmöglich, seinen eigenen Handlungen gegenüber indifferent zu bleiben; mehr noch, es impliziert, dass das schuldige Selbst von seinen vergangenen Taten buchstäblich in ‚Mitleidenschaft' gezogen wird. Als Beispiel hierfür ließe sich die Figur des Raskolnikow aus *Schuld und Sühne* anführen, anhand derer Dostojewski gezeigt hat, welche ‚Symptome' die für das Schuldgefühl charakteristische Affektion – von der gespielten Indifferenz bis zu einem bald ans Paralytische, bald ans Konvulsivische grenzenden Zustand der Agonie – annehmen kann.[36] „Auf dieser tiefen Ebene", so Ricœur, „ist die Selbsterkenntnis auf untrennbare Weise sowohl Actio als auch Passio, Actio im Sinne schlechten Handelns und Passio in dem Sinne, daß man von seiner eigenen Handlung betroffen wird." (Ebd.)
Die Polarität von Handeln und Erleiden, der im juridischen Zusammenhang die Polarität von Täter und Opfer entspricht, erfährt dadurch eine reflexive Brechung und verschiebt sich zu einer Relation im Inneren des Selbst. Durch das Bekenntnis wird die schlechte Handlung gleichsam auf ihren Urheber zurückgeworfen. Wie Nabert darlegt, verbindet sich diese Erkenntnis für das schuldige Bewusstsein mit dem Erstaunen oder Erschrecken darüber, „die Idee seiner eigenen Kausalität nicht mehr von der Erinnerung an die einzigartige Handlung trennen zu können, die es vollzogen hat"[37] (S. 705). Für Ricœur entscheidend ist nun, dass dieses schockartige Erstaunen – „*Ich* war es, der das getan hat!" – einher geht mit einem

35 Nabert: *Éléments pour une éthique*, S. 7.

36 Fjodor Dostojewski: *Schuld und Sühne. Roman in sechs Teilen mit einem Epilog*, aus d. Russ. v. Margit Bräuer / Rolf Bräuer. Berlin: Aufbau 2008.

37 Nabert: *Éléments pour une éthique*, S. 5.

eigentümlichen „Gefühl des Verlusts der eigenen Integrität" (ebd.). Die retrospektive Wiederaneignung des Handlungsvermögens fällt zusammen mit seiner Preisgabe: „Der Unterschied zwischen dem Übel, das in der Handlung, und dem Übel, das in der Kausalität besteht, ist der einer Nichtübereinstimmung des Selbst mit seinem tiefsten Begehren." (Ebd.)

In dieser Nichtübereinstimmung erkennt Ricœur einen Hinweis darauf, dass die Fehlbarkeit des Menschen auf einer Ebene wurzelt, die so grundlegend ist, dass sie den Rahmen der Erinnerungen und der gesamten empirischen Geschichte transzendiert (vgl. S. 706). „Die Schuld", so Ricœur,

> verfügt […] über die Kraft, zu dieser vorempirischen, aber nicht geschichtslosen Vergangenheit Zugang zu verschaffen, so sehr hängt die Schulderfahrung mit der Erfahrung des Begehrens zusammen. Mit aller gebotenen Vorsicht werden wir daher von einer *metaphysischen Erfahrung* sprechen, um zum Ausdruck zu bringen, daß die konstitutionelle Schlechtigkeit der Chronologie des Handelns vorausgeht. (Ebd.; Hervorhebung F. B.)

Worauf Ricœur mit dieser Überlegung letzten Endes abzielt, ist eine *Verbindung der Idee der Schuld mit der Idee des Bösen*. Die Reflexion nähert sich damit einem nur noch spekulativ zu erschließenden Grund an, auf dem das Rätsel der Schuld mit der Frage nach dem Ursprung des Bösen zusammenfällt (vgl. S. 709). Ricœur zufolge ist das philosophische Denken auf dieser Ebene notwendig zum Scheitern verurteilt; es kann sich jedoch unterrichten lassen von den symbolischen und mythischen Ausdrucksformen, die die Frage mit erzählerischen Mitteln behandeln (vgl. S. 709). Die biblische Erzähltradition bringt die Frage nach dem Bösen mit der Vorstellung eines Urereignisses – dem Verlust der Unschuld – zusammen. Für Ricœur ist nun weniger der konkrete Inhalt der Erzählung vom Sündenfall entscheidend, sondern der Umstand, dass mit der Vorstellung eines Urereignisses zugleich auch die Vorstellung „einer in gewisser Weise transhistorischen Kontingenz" (S. 709) ins Spiel kommt. Was genau darunter zu verstehen ist, erläutert Ricœur wie folgt:

> Der Verlust der Unschuld ist etwas, das in einer Urzeit stattgefunden hat, die mit der Geschichte nicht zu koordinieren ist, also etwas, das auch hätte nicht geschehen können. Es drängt sich der Gedanke eines Bösen auf, das empirisch immer schon da ist, in der ursprünglichen Ordnung aber dennoch grundsätzlich kontingent ist. Dieser Gedanke ist insofern von philosophischem Interesse, als sich auf diese Weise zwischen dem Handelnden und der Handlung ein Graben auftut. (S. 709–710.)

Im Hinblick auf die Frage der Vergebung ist dieser Gedanke von großer Tragweite. Ehe seine Konsequenzen jedoch erläutert werden, gilt es zu zeigen, inwiefern die Bezugnahme auf die Idee des Bösen die Analyse der Schuld auch auf phänomenologischer Ebene bereichern kann und welche Vorteile sich Ricœur von dieser Verbindung verspricht.

Den ersten Vorteil erkennt Ricœur darin, dass die Schuld durch eine Reformulierung „unter der Meta-Kategorie des Nicht-Seins" (S. 707), wie sie durch die Bezugnahme auf das Böse nahegelegt wird, „wieder mit den anderen negativen Erfahrungen in Beziehung gebracht [wird], bei denen man ebenfalls von Teilhabe am Nicht-Sein sprechen kann." (Ebd.) Ricœur meint damit die Erfahrungen des Scheiterns, der Einsamkeit und des Kampfes, die Jean Nabert und Karl Jaspers mit der Schuld jeweils auf eine gemeinsame Ebene gestellt hatten. Mit dem *Scheitern* hängt die Schuld insofern zusammen, als letztere von Ricœur ja von Anfang an als eine „existentielle Unfähigkeit" (S. 699) aufgefasst wurde, als eine radikale Erfahrung des Unvermögens, gut zu handeln. Mit der *Einsamkeit* hat die Schuld insofern zu tun, als sie, wie Ricœur sagt, „eine grundsätzlich einsame Erfahrung" (S. 707) darstellt. Als Beispiel könnte man hier erneut auf die Figur des Raskolnikow verweisen, der sich nach dem von ihm begangenen Doppelmord immer weiter von seinen Mitmenschen entfernt und durch sein Schuldgefühl in eine furchtbare Isolation getrieben wird. Die Einsamkeit Raskolnikows – so könnte man mit einer Wendung aus Ricœurs *Symbolik des Bösen* sagen – ist die „Einsamkeit des schuldigen Gewissens"[38]. Im Zusammenhang mit der Einsamkeit verweist Ricœur auch zum ersten Mal auf Hannah Arendt,[39] welche die Einsamkeit als das negative Komplement zur Tatsache der menschlichen Pluralität betrachtet, was wiederum zur Folge hat, dass die Einsamkeit grundsätzlich an die Erfahrung des Mit-Seins gebunden bleibt und insofern nicht einen vollkommenen Abbruch, sondern nur eine „Unterbrechung der wechselseitigen Kommunikation" (S. 707) impliziert. Zu dieser Unterbrechung fügt die „Grenzsituation" des *Kampfes* (im Sinne Jaspers') die Vorstellung eines unüberwindlichen Antagonismus hinzu, die ihrerseits „mit

38 Ricœur: *Symbolik des Bösen*, S. 124.

39 Hannah Arendt wird späterhin noch eine wichtige Rolle zufallen, wenn es darum gehen wird, das Verhältnis zwischen dem Vergeben und dem Versprechen in den Blick zu nehmen. Siehe unten S. 76–86.

der Tatsache verbunden scheint, daß alles Handeln (*action*) ein ‚Einwirken auf …' (*action sur*) ist, also eine Quelle der Asymmetrie zwischen dem Urheber der Handlung und demjenigen, dem sie gilt." (Ebd.)

Als zweiten Vorteil der Verbindung der Schuld mit dem Bösen nennt Ricœur die dadurch suggerierte „Vorstellung eines Exzesses, eines unerträglichen Zuviel" (ebd.). Zur Verdeutlichung dieser Vorstellung macht sich Ricœur den von Jean Nabert in seinem *Essai sur le mal* eingeführten Begriff des „Nicht-zu-rechtfertigenden" (*l'injustifiable*)[40] zueigen. Bezogen auf die gegenständliche Seite der Schuld bezeichnet das Nicht-zu-rechtfertigende bestimmte Handlungsweisen, die den (in seinen Außenbezirken ohnehin recht fragilen) Bereich des Zulässigen derart exzessiv überschreiten, dass die Grenze zwischen dem Zulässigen und dem Unzulässigen dadurch nicht nur punktuell verletzt, sondern regelrecht gesprengt wird:

> [E]ine bestimmte Grausamkeit, eine bestimmte Niedertracht, eine bestimmte extreme Ungleichheit in den sozialen Beziehungen erschüttern mich, ohne daß ich die verletzten Normen benennen könnte; es handelt sich nicht nur um ein einfaches, als Gegensatz zum Zulässigen verstandenes Gegenteil; die verschiedenen Formen des Bösen (*les maux*) sind Teil eines radikaleren Widerspruches als dem zwischen dem Zulässigen und dem Unzulässigen und erwecken ein Verlangen nach Rechtfertigung, dem die Pflichterfüllung nicht mehr genügen würde. (S. 708)

An dieser Stelle könnte man an Ricœur die kritische Rückfrage richten, ob das Nicht-zu-Rechtfertigende als Antwort nicht primär eine Reaktion herausfordert, die ihrerseits die Grenze des Zulässigen wenn nicht sprengt, so doch überschreitet; ob durch die Widerfahrnis des Bösen nicht – noch *vor* jedem Wunsch nach Rechtfertigung – ein anderes Verlangen geweckt wird, nämlich das der Vergeltung? Dass Ricœur unmittelbar im Anschluss an die eben zitierte Stelle, in einer leicht zu übersehenden Fußnote, auf Jean Améry verweist (vgl. ebd., Anm. 8), der in *Jenseits von Schuld und Sühne*[41] ja gerade den Versuch unternimmt, dem Recht auf Unversöhnlichkeit in der

40 Jean Nabert: *Essai sur le mal.* Paris: Aubier Montaigne 1970. Das Nicht-zu-rechtfertigende ist Gegenstand des ersten Kapitels (vgl. ebd., S. 21–61). – In dem bereits genannten Aufsatz von Stefan Orth über die „Spuren des Denkens von Jean Nabert in Paul Ricœurs ‚kleiner Ethik'" findet sich der interessante Hinweis, dass Ricœur den *Essai sur le mal* am liebsten selbst geschrieben hätte (vgl. ebd., S. 70, Anm. 4).

41 Jean Améry: *Jenseits von Schuld und Sühne. Bewältigungsversuche eines Überwältigten.* Stuttgart: Klett-Cotta 2008.

Diskussion einen legitimen Platz zuzuweisen, kann als Hinweis darauf gedeutet werden, dass die Dringlichkeit dessen, was mit dieser Frage auf dem Spiel steht, nicht ohne weiteres übergangen werden kann[42] – auch bzw. gerade nicht in einer Zeit, die oftmals für sich in Anspruch nimmt, das Verlangen nach Vergeltung längst überwunden zu haben.[43]

Aber kehren wir von dieser Überlegung zu der Vorstellung der unerträglichen Übertretung zurück, die Ricœur unter dem Titel des Nicht-zu-rechtfertigenden behandelt. Bezogen auf die Seite des Handelnden impliziert der „Exzess des Unzulässigen" (S. 708) eine Form der Entgrenzung, deren Radikalität sich mit keiner der bisher in den Blick genommenen Vertiefungen der Schuld noch zur Deckung bringen lässt. Den Keim, in dem die Möglichkeit dieser Entgrenzung angelegt ist, erkennt Ricœur in einem Unrecht, das

42 Neben Améry könnte man hier auch auf Hannah Arendt verweisen, in deren Überlegungen über ‚die Macht zu verzeihen' das Verlangen nach Vergeltung bzw. Rache ausdrücklich Berücksichtigung findet. In dem entsprechenden Abschnitt der *Vita activa* (Hannah Arendt: *Vita activa oder Vom tätigen Leben*. München: Piper 2008, § 33 „Die Unwiderruflichkeit des Getanen und die Macht zu verzeihen", S. 300–311) ist dazu Folgendes zu lesen: „Was die Verfehlungen und somit das vergangene Gehandelte betrifft, so ist *der natürliche Gegensatz der Verzeihung die Rache*, welche in der Form der Re-aktion handelt und daher an die ursprüngliche, verfehlende Handlung gebunden bleibt […]." (Ebd., S. 306; Hervorhebung F. B.) Daraus folgt, dass die Rache als eine „natürlich-automatische Reaktion" (ebd.) grundsätzlich determiniert und berechenbar ist, wohingegen „der Akt des Vergebens in seiner Weise einen neuen Anfang dar[stellt] und als solcher unberechenbar [bleibt]." (Ebd., S. 307.) Während Arendt das Verhältnis zwischen Rache und Verzeihen als das eines Gegensatzes bestimmt, behält sie der Strafe vor, „die einzige echte Alternative des Vergebens" (ebd.) zu sein. Bemerkenswert ist allerdings, dass Arendt gerade diejenigen Vergehen, die bei Ricœur unter die Rubrik des ‚Nicht-zu-rechtfertigenden' fallen, von dieser Alternative ausnimmt, so dass man in Ermangelung einer Möglichkeit der Bestrafung wieder auf die gegensätzliche Reaktion der Vergeltung zurückgeworfen wird. Da diese selbst moralisch unannehmbar erscheint und zugleich keine annehmbare Alternative mehr aufzuweisen ist, bleibt am Ende nichts als eine tiefe Ratlosigkeit: „Daß wir dem Bösen nur mit Gewalt begegnen können, besagt nicht, daß wer Böses erduldet und sich wehrt, nun auch böse wird, aber es heißt wohl, daß das Böse den zwischenmenschlichen Machtbereich zerstört, wo immer es in Erscheinung tritt. Böse Taten sind buchstäblich Un-taten; sie machen alles weitere Tun unmöglich, und man kann, was den Täter der Untat betrifft, nur mit Jesu sagen: ‚Es wäre ihm nützer, daß man einen Mühlstein an seinen Hals hängte und würfe ihn ins Meer', bzw. es wäre besser, er wäre nie geboren – zweifellos das Furchtbarste, was man von einem Menschen sagen kann." (Ebd., S. 307–308.)

43 Vgl. hierzu Peter Sloterdijk: *Zorn und Zeit. Politisch-psychologischer Versuch*. Frankfurt am Main: Suhrkamp 2006.

er als das „Unrecht par excellence" (ebd.) bezeichnet: „dem Mord, […] jenem Tod, den man nicht selbst erleidet, sondern den man dem Anderen aufzwingt" (ebd.). Paradigmatisch ist der Mord insofern, als er auf die Möglichkeit eines Willens verweist, über jede Form der Aneignung und Beherrschung hinaus auf die totale und vollständige Negation des Anderen abzuzielen. Man kommt nicht umhin, in diesem Zusammenhang an Emmanuel Lévinas zu denken, dessen Diktum „Der Andere ist das einzige Seiende, das ich kann töten wollen"[44] in der folgenden Passage von Ricœur gleichsam ausbuchstabiert wird:

> Jenseits des Willens, Leid zuzufügen und zu vernichten, erhebt sich nämlich der Wille, zu erniedrigen, den Anderen der Verlassenheit, der Selbstverachtung preiszugeben. *Das Nicht-zu-rechtfertigende geht über die Erfahrung der Schuld hinaus*, da zum Eingeständnis, sich mit seinen Handlungen jenseits des Unzulässigen zu befinden, seitens des Handelnden das Eingeständnis der Komplizenschaft des Willens hinzukommt. (S. 708–709; Hervorhebung F. B.)

Der „Extremfall des dem Anderen unter Zerreißen der menschlichen Bande zugefügten Bösen" findet seine Entsprechung in dem anderen Extrem, dem der „inneren Böswilligkeit des Verbrechers" (S. 709). Der Begriff des Nicht-zu-rechtfertigenden legt auf diese Weise den Zugang frei zu einem Bereich, der sich tatsächlich ‚jenseits von Schuld und Sühne' hält. Das ‚Eingeständnis der Komplizenschaft des Willens' – Améry spricht von dem „guten Gewissen der Schlechtigkeit"[45] – verweist auf eine „wahnhafte Verwicklung in die Handlung, für die selbst der Haß kaum das Maß abgibt und die sogar die Vorstellung von der Affektion des Subjekts durch seine eigenen Handlungen sprengt." (Ebd.)

An dieser Stelle hat die Untersuchung der Schuld ihren tiefsten Punkt erreicht. Ricœur beendet seinen Abstieg in die Tiefen der Schulderfahrung jedoch nicht, ohne am Ende auf einen Punkt hinzuweisen, der so etwas wie einen Schimmer der Zuversicht aufblitzen lässt und ein Licht in die Richtung wirft, in der die Lösung der Gleichung der Vergebung zu suchen sein wird. Bemerkenswerterweise rührt dieser Schimmer nicht von etwas her, das der Schuld gegenüber heterogen wäre, sondern bezieht seine Leuchtkraft gleichsam vom mythischen Grund des Bösen selbst. Der weiter oben bereits

44 Emmanuel Lévinas: *Totalität und Unendlichkeit. Versuch über die Exteriorität*, aus d. Franz. v. Wolfgang Nikolaus Krewani. Freiburg / München: Alber 2008, S. 284.

45 Jean Améry: Die Tortur. In: Ders.: *Jenseits von Schuld und Sühne*, S. 46–73, hier S. 61.

genannte „Gedanke eines Bösen […], das empirisch immer schon da ist, in der ursprünglichen Ordnung aber dennoch grundsätzlich kontingent ist“ (S. 710), wird von Ricœur nämlich dahingehend ausgelegt, dass die Affektion durch das Böse das Subjekt nie vollständig ergreifen kann, was zur Folge hat, dass sich genau an dem Verbindungspunkt zwischen der Handlung und dem Handelnden ein feiner Riss abzeichnet:

> Die Handlung gilt von nun an allgemein als schlecht und wird in dieser Hinsicht allgemein bedauernswert und bedauert. Etwas am Subjekt aber ist davon ausgenommen und hat sich in der Verbindung des Willens mit dem verübten Bösen nicht völlig aufgelöst, eine Unschuld, die vielleicht nicht völlig verloren ist und anläßlich bestimmter Erfahrungen äußersten Glücks wieder hervortreten kann. (Ebd.)

Welche Erfahrungen dies leisten können, lässt Ricœur an dieser Stelle offen. Der abschließende Hinweis auf die eventuell „intakt gebliebenen Regenerationsmöglichkeiten“ (ebd.), die irgendwo im Inneren des schuldigen Subjekts verborgen liegen, markiert jedoch bereits präzise die Bruchstelle, in die Ricœur das Wort der Vergebung später wie einen Keil von oben herabfahren lassen wird.

Aszendenz: Die Höhe der Vergebung

> Ist aber denn Dein ganzes früheres Leben für Dich so versunken […], daß Du nicht mehr weißt, wie um das Vorwärtskommen gekämpft werden muß, besonders wenn man von tief untenher kommt? Wie alles benützt werden muß, was irgendwie Hoffnung gibt?
>
> (Franz Kafka: *Das Schloss*)

Was folgt aus der Untersuchung der Schuld im Hinblick auf die Möglichkeit der Vergebung? „Wenn am Ende dieses Abstiegs in die Tiefen der Schulderfahrung […] ein einziges Wort ausgesprochen werden müßte“, so Ricœurs Resümee, „dann das des Unverzeihlichen.“ (S. 710) Die Unterscheidung zwischen dem Handelnden und der Handlung, zwischen den Fragen ‚Wer?‘ und ‚Was?‘, die an den beiderseits steil abfallenden Wänden der Schuld entlang der bisherigen Untersuchung die Richtung gewiesen hat, wird von Ricœur auch auf das Unverzeihliche bezogen: unverzeihlich sind die Verbrechen, denen aufseiten der Opfer ein so großes Leid korrespondiert, dass sie sich jeder Rechtfertigung entziehen; unverzeihlich die

Täter, die als Urheber hinter diesen Verbrechen stehen; unverzeihlich ist aber auch „das eher innerliche Band, das den Handelnden mit der Handlung, den Schuldigen mit dem Verbrechen verbindet" (vgl. S. 711). Ricœur sieht sich angesichts dessen zu einem Eingeständnis gezwungen, das hinsichtlich der Möglichkeit einer Aufhebung der Schuld scheinbar eindeutig ausfällt:

> Selbst wenn die Schuld keine Urschuld ist, ist sie dennoch immer radikal. Dieser Zusammenhang von Schuld und *conditio humana* macht erstere, wie es scheint, nicht nur de facto, sondern auch de jure unverzeihlich ... Die Schuld aus der Existenz zu eliminieren würde, wie es scheint, bedeuten, letztere völlig zu zerstören. (S. 711)

Die Schuld scheint so fest mit dem Selbst verbunden zu sein, dass sie sich nur abtrennen ließe um den Preis der Zerstörung dessen, was die Moralität der menschlichen Person ausmacht: das Vermögen der Zurechenbarkeit. Folgt daraus nicht, dass die Vergebung, wenn sie denn möglich wäre, selbst ein Übel darstellen würde? Ebendiese Konsequenz ist von Nicolai Hartmann im letzten Abschnitt seiner monumentalen *Ethik* gezogen worden, den Ricœur hier zitiert: „Das Schuldigsein an der bösen Tat kann niemandem abgenommen werden, weil es unabtrennbar ist vom Schuldigen – man müßte ihm denn das Schuldigsein selbst absprechen und ihm damit die sittliche Zurechnungsfähigkeit bestreiten."[46] Verglichen mit der Schuld, so Hartmann, stelle die Vergebung gar das „größere Übel" dar, da sie auf die vollständige „Entmündigung und Entwürdigung des Menschen, seine Unfreiheitserklärung" hinauslaufe.[47] Kurzum: „Die Verbindung von Schuld und Selbst, von Schuldigsein und Selbstheit scheint unauflöslich zu sein." (S. 712)

46 Nicolai Hartmann: *Ethik*. Berlin: De Gruyter 1962, S. 818. (Ricœur zitiert aus der 1. Auflage von 1926, und zwar nach Klaus-Michael Kodalle: *Verzeihung nach Wendezeiten? Über Unnachsichtigkeit und misslingende Selbstentschuldung*. Antrittsvorlesung an der Friedrich-Schiller-Universität Jena. Erlangen / Jena: Palm & Enke 1994, S. 2–3).

47 Ebd., S. 819. – Hartmanns Position ist in diesem Punkt unmissverständlich. Zwar räumt er ein, dass die Vergebung dem Schuldigen „wohl jenen besonderen Stachel der Schuld" nehmen könne, „aber nie kann sie ihm die sittliche Schuld selbst abnehmen. Es gibt moralisch wohl eine Überwindung des Bösen [...], aber nicht eine Vernichtung der Schuld als solcher." (Ebd., S. 818–819.) Daher die unnachgiebige Strenge, mit der Hartmann konstatiert, dass eine solche „Aufhebung der Schuld Verletzung der Freiheit [wäre], und damit der Person in ihrem sittlichen Grundkönnen." (Ebd., S. 819.)

Genau an dieser Stelle, an der mit dem Unverzeihlichen das letzte Wort über die Vergebung gesprochen zu sein scheint, lässt Ricœur seine Analyse jäh umschwenken. „Wie eine umgekehrte Herausforderung", so Ricœur, „klingt dagegen die in den folgenden einfachen Worten zusammengefaßte Erklärung: ‚*Es gibt die Vergebung.*'" (Ebd.; Hervorhebung F. B.) Die Anführungszeichen bringen zum Ausdruck, dass die Stimme, die solches verkündet, nicht mehr die Stimme des Philosophen ist, nicht mehr die Stimme Ricœurs, ja überhaupt keine Stimme, die „allzu schnell einem Jemand zugeschrieben werden darf, der ihr absolutes Subjekt wäre" (ebd.). Wessen Stimme ist es dann? Ricœur verwehrt sich dagegen, an dieser Stelle auf diese Frage eine Antwort zu geben. Stattdessen verweist er darauf, dass die Stimme der Vergebung ihren Ursprung hat in einem Bereich, der sich unserer Verfügbarkeit radikal entzieht:

> Das „es gibt" der Stimme der Vergebung bringt dies auf seine Art zum Ausdruck. Deshalb werde ich von dieser Stimme als von einer von oben kommenden Stimme sprechen. Sie kommt aus der Höhe, wie das Schuldbekenntnis aus der unerforschlichen Tiefe der Selbstheit kommt. (S. 712)

Wenn die Vergebung ihren Ursprung in der Höhe hat, so ist sie dennoch von diesem Ursprung verschieden. Der Ausdruck ‚es gibt' hat genau die Funktion, diese Differenz, diesen Abstand anzuzeigen und zu bewahren (vgl. ebd.). Die Exteriorität des Ursprungs der Stimme impliziert aber auch, dass die Stelle des grammatikalischen Subjekts der Vergebung offen gehalten werden muss. Auf die Frage, wer vergibt bzw. welches Selbst der Vergebung fähig wäre, gibt die Erklärung ‚es gibt die Vergebung' keine Antwort. Heißt das, dass wir eine Vergebung ohne Selbst, eine buchstäblich selbstlose Vergebung denken müssen?

Zumindest in diesem, nach wie vor frühen Stadium der Untersuchung scheint es keineswegs ausgemacht, ob Ricœur die menschliche Person – das heißt das Selbst, das wir jeweils sind – zu denjenigen Größen zählt, die sich als Variablen in die Leerstelle einsetzen lassen, welche die Frage nach dem Subjekt in der Gleichung der Vergebung markiert. „Es gibt die Vergebung", sagt die Stimme. Das ist zunächst alles, was wir erfahren – nicht viel, aber auch nicht wenig. Denn Ricœur zufolge ist die Stimme der Vergebung zwar still, aber keineswegs stumm:

> Still deshalb, weil sie keinesfalls dem Geschrei des Tobsüchtigen ähnelt; nicht stumm deshalb, weil sie keineswegs der Sprache beraubt ist. Es gibt nämlich eine Redeweise, die ihr angemessen ist: die des Hymnus. Die Redeweise des

> Loblieds und der Feier. Sie sagt: *il y a*, es gibt, *there is* … die Vergebung […]. Denn der Hymnus braucht nicht zu sagen, wer wem vergibt. Es gibt die Vergebung wie es die Freude gibt, wie es die Weisheit gibt, den Wahnsinn, die Liebe. Die Liebe vor allem. Die Vergebung gehört zur selben Familie. (Ebd.)

Dass es die Vergebung gibt, wird im Hymnus bezeugt, der im selben Atemzug ihre Größe feiert. Von der Aufzählung der ‚Familienmitglieder' der Vergebung – die Freude, die Weisheit, der Wahnsinn, die Liebe – geht Ricœur nahtlos zu der Besprechung eines Textes über, der innerhalb der hymnischen Literatur des Abendlandes zweifellos zu den berühmtesten zählt: das *Hohelied der Liebe*, das der Apostel Paulus im Ersten Korintherbrief anstimmt (1 Kor 13). Die Leichtigkeit, mit der Ricœur zur Deutung des Korintherbriefs übergeht, täuscht leicht darüber hinweg, dass unterderhand hier so etwas wie eine Verschiebung und Überlagerung stattfindet; durch den Übergang nämlich nähert Ricœur die Idee der Vergebung der Idee der Liebe so weit an, dass die Grenze zwischen beiden zeitweilig nicht mehr gezogen werden kann.[48] Seinen Rekurs auf den Korintherbrief leitet Ricœur ein, indem er erneut daran erinnert, die Stelle eines möglichen Subjekts offen zu halten: So wie der Hymnus nicht zu sagen braucht, wer wem vergibt, so benennt auch das Loblied des Apostels „nicht jemanden […], sondern eine vom Heiligen Geist verliehene ‚Gabe des Geistes' – ein ‚Charisma'" (S. 712). Das Kernstück des *Hohenliedes* bildet eine überschwängliche, sich über mehrere Verse erstreckende Aufzählung dessen, was die Liebe ist und was sie vermag: „Die Liebe ist langmütig, die Liebe ist gütig; […] sie rechnet Böses nicht zu, sie freut sich nicht über die Ungerechtigkeit, sondern sie freut sich mit der Wahrheit, sie erträgt alles, sie glaubt alles, sie hofft alles, sie erduldet alles." (1 Kor 13,4–7)[49] Wenn

48 In formaler Hinsicht erinnert die Vorgehensweise Ricœurs hier an die Hannah Arendts, die in der *Vita activa* ihre Reflexion über den ‚Akt des Verzeihens' ebenfalls in eine Reflexion über die ‚Macht der Liebe' übergehen lässt, wobei auch ihr als Gelenkstelle ein Bibelwort dient (vgl. ebd., S. 308–310).

49 Meine Zitation folgt hier – anders als die der Übersetzer von *Gedächtnis, Geschichte, Vergessen* – der *Elberfelder Übersetzung* der Bibel (revidierte Fassung. 8. Auflage, Textstand Nr. 16. Wuppertal: Brockhaus 2001). Der Vorteil gegenüber der von den Übersetzern herangezogenen *Einheitsübersetzung* liegt darin, dass die in dem Konzept der Zurechenbarkeit enthaltene Metapher der Rechnung, auf die Ricœur eigens hinweist (vgl. S. 703, wo Ricœur hervorhebt, dass „diese Metapher […] ein hervorragendes Schema für das Konzept der Zurechenbarkeit" bietet), in der Einheitsübersetzung an der entsprechenden Stelle (1 Kor 13,5) nicht zur Geltung kommt: dort heißt es nicht, die Liebe „rechnet Böses nicht zu", sondern sie „trägt das Böse nicht nach".

die Liebe das Böse nicht in Rechnung stellt, dann tut sie dies Ricœur zufolge deshalb, „weil sie zum Ort der Anklage, zur Zurechenbarkeit zurückgeht, die für das Selbst Buch führt“ (S. 713).

Der Hymnus spricht im Indikativ Präsens, weil die Zeit der Liebe, so Ricœur, „die der Beständigkeit“ (S. 713) ist. „Die Liebe vergeht niemals“ (1 Kor 13,8), heißt es bei Paulus, sie „bleibt“ (1 Kor 13,13). In *Wege der Anerkennung*, der letzten Monographie, die zu Ricœurs Lebzeiten publiziert wurde, taucht dieser Aspekt (wenngleich in anderem Zusammenhang) noch einmal auf: „die Agape hält sich in der Beständigkeit, im Bleiben, ihre Gegenwart kennt weder Reue noch Erwartung.“[50] Lässt sich nicht all das, was Ricœur über die im *Hohenlied* besungene Liebe schreibt, aber auch über die Vergebung sagen?

Eine Vergebung, die an bestimmte Erwartungen geknüpft würde, geriete leicht zu einer moralischen Erpressung. Und eine Vergebung, die später bereut würde, würde aufhören, Vergebung zu sein. In der Tat würde die Vergebung, wenn sie an dem einen Tag gewährt und an einem späteren wieder zurückgenommen werden könnte, jeden Sinn verlieren. Was Paulus über die Liebe sagt, gilt also auch für die Vergebung: sie vergeht nicht, sie bleibt. *Wenn die Vergebung die Schuld tatsächlich aufzuheben vermag, dann muss diese Aufhebung ebenso irreversibel und unwiderruflich sein wie das Unrecht, das sie herbeiruft.* Diese Überlegung kann als ein erster Hinweis darauf verstanden werden, dass die Vergebung auf eine besondere Weise mit der Zeit in Beziehung steht, dass sie einer zeitlichen Ordnung angehört, die den gewöhnlichen Lauf der Geschichte in gewisser Weise suspendiert.

Eine besondere Aufmerksamkeit verdient die Stelle, an der Ricœur – ebenso dezent, wie er zur Deutung des paulinischen Hymnus übergegangen ist – wieder zu seinem eigentlichen Thema, der Vergebung, zurückkehrt. Das *Hohelied* schließt mit den bekannten Worten: „Nun aber bleibt Glaube, Hoffnung, Liebe, diese drei; die größte aber von diesen ist die Liebe.“ (1 Kor 13,13) „Am größten“, schließt Ricœur an, „denn sie ist die Höhe selbst. Andernfalls würde sie selbst ausgelöscht werden.“ (S. 713) Größe und Höhe, Liebe und Vergebung werden von Ricœur hier auf subtile Weise ineinander übergeblendet, so dass sie in der Exteriorität ihres Ursprungs verschwimmen. Dies ist zugleich die Stelle, an der Ricœurs Begriff der Vergebung seine radikalste Ausprägung erhält. Nicht zufällig verweist Ricœur

50 Ricœur: *Wege der Anerkennung*, S. 277.

unmittelbar im Anschluss an die eben zitierte Stelle auf Jacques Derrida, dessen Forderung nach einem ‚reinen' Begriff der Vergebung er paraphrasiert und zugleich bekräftigt:

> In dieser Hinsicht hat Jacques Derrida, mit dem ich mich hier treffe, recht: Die Vergebung wendet sich an das Unverzeihliche, oder sie ist nicht. Sie ist unbedingt, sie kennt keine Ausnahme oder Beschränkung. Sie setzt keine Bitte um Vergebung voraus. (Ebd.)[51]

Der Abgründigkeit der unverzeihlichen Schuld korreliert die maßlose Höhe des Anspruches, welchem allein *eine unbedingte, voraussetzungslose Vergebung* genügt. Es ist die Kollision dieser beiden „extremen Unendlichkeiten" (S. 713–714), welche die Rede von der „Disproportion zwischen der Tiefe der Schuld und der Höhe der Vergebung" (S. 714) legitimiert und damit zugleich die Kohärenz einer Reflexion ausweist, welche ihren Ausgang von der Feststellung einer irreduziblen Asymmetrie genommen hat. Im Rückblick werden nun auch diejenigen Punkte sichtbar, an denen sich Ricœurs ‚Gleichung der Vergebung' in ihrer Bipolarität als streng symmetrisch erweist: Wie Ricœur die Idee der Schuld mit der Idee des Bösen verbunden hat, so verbindet er nun die Idee der Vergebung mit der Idee der Liebe.[52] Dem Sprechakt des Bekenntnisses in der Tiefe entspricht die Redeweise des Hymnus in der Höhe. Dem Unverzeihlichen als dem Extrempunkt der Schuld antwortet das umgekehrte Extrem einer Vergebung, welche auf einem „unbedingten Imperativ" (S. 714) beruht.

Wie steht es aber um die Erfüllbarkeit dieser „unendlichen Forderung" (ebd.)? Als ‚unerhörbar' könnte man den Ruf nach einer Vergebung, welche sich jenseits jeder bedingungsmäßigen Logik hält und weder Ausnahme noch Beschränkung kennt, insofern bezeichnen, als die Unbedingtheit dieses Anspruches in Wirklichkeit durch eine Reihe von „Faktoren verdeckt [wird], die mit der faktischen

51 Ricœur schließt an dieser Stelle ein direktes Derrida-Zitat an: „Man kann oder sollte nur dort vergeben, es gibt nur Vergebung – wenn es sie denn gibt –, wo es Unverzeihbares gibt." (Derrida: Jahrhundert der Vergebung, S. 11) – Bei einer parallelen Lektüre der betreffenden Passagen fällt auf, dass Ricœur Derrida an diesem Punkt in der Sache zwar folgt, in seinen Formulierungen sowie der Wahl der entsprechenden Zitate jedoch darauf bedacht ist, den Ausführungen Derridas etwas von ihrer apodiktischen Schärfe zu nehmen.

52 Wie Ricœur an anderer Stelle bemerkt, sind das Böse und die Liebe – neben dem Tod – auch diejenigen Themen, die in dem „großen Fundus kultureller Imagination", aus dem sich das abendländische Denken speist, den größten Niederschlag gefunden haben (vgl. S. 709).

Einbindung des Imperativs in eine Geschichte zusammenhängen" (ebd.); eine Geschichte, innerhalb derer sich der Ruf nach Vergebung oftmals auf höchst problematische Weise artikuliert. Ricœur unterscheidet hier zwei Arten von Faktoren, wobei er seine Ausführungen stark an den diesbezüglichen Überlegungen Derridas orientiert.

Die *erste Einschränkung* ergibt sich aus der Tatsache, dass die Idee der Vergebung eingebettet ist in den Überlieferungskontext einer bestimmten Kultur, „deren Ausdehnung ihre Begrenztheit nicht zu verbergen vermag" (ebd.). Es handelt sich dabei um das religiöse und sprachliche Erbe der jüdisch-christlichen Tradition, das sich seit geraumer Zeit „auf dem Wege der Universalisierung" (ebd.) befindet. Problematisch ist dieser Universalisierungsprozess insofern, als er einhergeht mit einem historischen Wandel, in dessen Verlauf der Begriff der Vergebung proportional zu seiner globalen Ausdehnung an semantischer Schärfe verliert. „Fortan", schreibt Jacques Derrida,

> tendiert die Dimension des Verzeihens selbst dahin, im Verlauf dieser Globalisierung zu verblassen und mit ihr jedes Maß, jede begriffliche Grenze. In all den Szenen der Reue, des Geständnisses, des Verzeihens oder der Entschuldigungen, die sich auf dem geopolitischen Schauplatz seit dem letzten Krieg und seit einigen Jahren[53] noch schneller vermehren, sieht man nicht allein Individuen, sondern ganze Gemeinschaften, Berufsgenossenschaften, Vertreter kirchlicher Machtstrukturen, Souveräns und Staatsoberhäupter um „Vergebung" bitten. Sie tun dies in der Sprache Abrahams, die (im Falle Japans oder Koreas zum Beispiel) nicht die der vorherrschenden Religion ihrer Gesellschaft ist, aber die bereits zum universalen Idiom des Rechts, der Politik, der Ökonomie und der Diplomatie geworden ist: und zugleich wirkende Kraft und Symptom dieser Internationalisierung.[54]

Den von Derrida genannten Beispielen (Japan und Korea) lassen sich weitere hinzufügen. In Kambodscha, einem Land mit überwiegend buddhistischer Bevölkerung, hat 2007 ein halb unter nationaler, halb unter internationaler Federführung stehender Strafgerichtshof seine Arbeit aufgenommen, die darin besteht, die von den *Khmer Rouge* zwischen 1975 und 1979 begangenen Verbrechen zu untersuchen und die Verantwortlichen zu verurteilen.[55] Als erstes

53 Das Gespräch mit Derrida, dem dieses Zitat entnommen ist, wurde zuerst im Dezember 1999 veröffentlicht (vgl. Ricœur: *Gedächtnis, Geschichte, Vergessen*, S. 713, Anm. 16).

54 Derrida: Jahrhundert der Vergebung, S. 10.

55 Die *Extraordinary Chambers in the Courts of Cambodia* (ECCC) – so die offizielle Bezeichnung – verfügen über eine eigene Homepage, die umfassende

vor Gericht gestellt wurde Kaing Guek Eav, der ehemalige Leiter des berüchtigten Folterlagers Tuol Sleng. Von den 16.000 Insassen dieses Lagers haben nur sieben überlebt.[56] Die Gefangenen waren einer schrankenlosen Grausamkeit ausgesetzt: „In Tuol Sleng wurden Babys von halbwüchsigen Wärtern […] an den Beinchen gepackt und gegen Baumstämme geschleudert. Gefangene wurden mit den Köpfen in Wassertrögen ersäuft, andere mit rostigen Zangen verstümmelt. Alles war erlaubt […].“[57] Im Juli 2010 befand das Gericht Kaing Guek Eav für schuldig, an der Tötung von mindestens 14.000 Menschen beteiligt gewesen zu sein, und verurteilte ihn zu einer Haftstrafe von 35 Jahren, die in einem Revisionsverfahren nachträglich auf lebenslänglich erhöht wurde.[58] Besondere mediale Aufmerksamkeit (wenn auch nur für kurze Zeit) erregte insbesondere die Prozesseröffnung, und zwar aufgrund des Geständnisses, das Duch – so Kaing Guek Eavs früherer *nom de guerre* – vor dem Tribunal ablegte: „Er wolle sein ‚Bedauern und seine aufrichtige Reue‘ zum Ausdruck bringen“, war im März 2009 in der *Neuen Zürcher Zeitung* zu lesen, die unter dem Titel „‚Duch‘ bittet um Vergebung“ von dem Prozessauftakt berichtete.[59] Duch, der einem der Überlebenden zufolge bei seiner Arbeit stets gutgelaunt gewesen sei, war zwischenzeitlich zum Christentum übergetreten. Während er untergetaucht unter falschem Namen lebte, hatte er sich taufen lassen, eine eigene Kirche gegründet und begonnen, selbst zu predigen.[60]

Das Beispiel Kambodscha gibt nicht nur eine Vorstellung von dem beträchtlichen „Problem der Beziehungen zwischen dem

Informationen über das Statut und die Arbeit des Sondertribunals enthält. Vgl. http://www.eccc.gov.kh/en (Zugriff am 10.02.2014).

56 Vgl. Sophie Mühlmann: Pol Pots brutaler Henker steht jetzt vor Gericht. http://www.welt.de/politik/article3215665/Pol-Pots-brutaler-Henker-steht-jetzt-vor-Gericht.html (Zugriff am 18.11.2013).

57 Ebd.

58 Vgl. Kaing Guek Eav alias Duch Sentenced to Life Imprisonment by the Supreme Court Chamber. http://www.eccc.gov.kh/en/articles/kaing-guek-eav-alias-duch-sentenced-life-imprisonment-supreme-court-chamber-0 (Zugriff am 03.01.2014).

59 ‚Duch‘ bittet um Vergebung. Chef-Folterer der Roten Khmer gesteht seine Verbrechen. http://www.nzz.ch/nachrichten/international/folterer_duch_gesteht_schuld_1.2295590.html (Zugriff am 18.11.2013).

60 Vgl. Sophie Mühlmann: Pol Pots brutaler Henker steht jetzt vor Gericht. http://www.welt.de/politik/article3215665/Pol-Pots-brutaler-Henker-steht-jetzt-vor-Gericht.html (Zugriff am 18.11.2013).

Fundamentalen und dem Historischen […], das jede ethische Botschaft mit universellem Anspruch betrifft" (S. 714), sondern verweist auch auf den *zweiten Faktor*, welcher die Vergebung in ihrer konkreten geschichtlichen Gestalt unablässig zu korrumpieren und zu entstellen droht.

Dieser hängt mit der Möglichkeit der *Instrumentalisierung* der Vergebung zusammen, einem Problemkomplex, den Derrida unter dem Stichwort der ‚Inszenierung' behandelt. Derrida spricht in diesem Zusammenhang von einem „Theater des Pardons", einem „theatralen Raum […], in dem sich – aufrichtig oder nicht – das große Vergeben, das große Szenarium der Reue abspielt", wobei letzteres in seiner Zwanghaftigkeit oftmals „die Züge einer großen Konvulsion" trage.[61] Ebendiese Inszenierungen führen, wie Ricœur im Anschluss an Derrida feststellt, zu einer „unkritischen Verbreitung der abrahamitischen Sprache der Vergebung" (S. 715). Was Derrida als ‚Theater' und ‚Inszenierung' kritisiert, klassifiziert Ricœur als einen „Komplex des Mißbrauchs" (ebd.), der denjenigen Missbrauchsphänomenen vergleichbar ist, die er in *Gedächtnis, Geschichte, Vergessen* wiederholt kritisiert hat; ob es sich nun um eine missbräuchliche Praxis des Gedächtnisses handelt[62] oder um einen Missbrauch des Vergessens[63], wie ihn beispielsweise die politische Institution der Amnestie darstellt. Diese Klassifizierung ist insofern nicht unwichtig, als sie – entsprechend der durchgängigen Koppelung von Gebrauch und Missbrauch, die Ricœur in *Gedächtnis, Geschichte, Vergessen* vornimmt – implizit auf ein Gegenstück verweist und damit die Möglichkeit offen hält, dass es auch innerhalb des politischen Feldes so etwas wie einen rechten Gebrauch und eine legitime Praxis der Vergebung geben könne. Für Derrida scheidet diese Möglichkeit, die letzten Endes eine Konzession an die Erfordernisse der sozialen und politischen Wirklichkeit darstellen würde, definitiv aus:

> Jedesmal wenn das Vergeben im Dienste eines Zwecks steht, sei er auch ehrsam und rein geistig (Freikaufen oder Erlösen, Versöhnung, Heil), jedesmal wenn es versucht, eine Normalität wiederherzustellen (eine soziale, nationale, politische, psychologische), und zwar durch eine Trauerarbeit, durch

61 Derrida: Jahrhundert der Vergebung, S. 10.

62 Vgl. S. 95–146 (Erster Teil, Kapitel 2 „Das Gedächtnis und seine Praxis: Gebrauch und Mißbrauch").

63 Vgl. S. 678–696 (Dritter Teil, Kapitel 3, Abschnitt III „Das Vergessen des Erinnerns: Gebrauch und Mißbrauch").

> irgendeine Therapie oder Ökologie des Gedächtnisses, dann ist die „Vergebung“ nicht rein – noch ist es ihr Begriff.[64]

Die Unnachgiebigkeit der Position, die Derrida hier zum Ausdruck bringt, allein auf einen philosophischen Purismus reduzieren zu wollen, würde bedeuten, das Gewicht der Forderung zu verkennen, die sich mit der Idee der Vergebung verbindet. Der unbedingte Anspruch dieser Forderung wird auch von Ricœur anerkannt, wenn er mit Derrida feststellt, dass die Vergebung „weder normal noch normativ oder normalisierend *sein* [*sollte*]. Sie *sollte* Ausnahme und außergewöhnlich bleiben, als Erprobung des Unmöglichen: als ob der gewöhnliche Lauf der historischen Zeitlichkeit unterbrochen würde.“[65]

Ebendiese *Erprobung des Unmöglichen*, der sich Ricœur in den folgenden Abschnitten zu stellen sucht (vgl. S. 716), führt uns gewissermaßen an den Ausgangspunkt von Ricœurs Überlegungen zurück – der Herausforderung, die in der bloßen Präsenz einer Stimme lag, die im Modus der Feier verkündet, dass *es die Vergebung gibt*. Was im Folgenden also auf dem Spiel steht, ist die praktische Erfüllbarkeit einer Konzeption, die an strategisch entscheidender Stelle auf eine Sprechweise zurückgreift, die der Alltagssprache so weit enthoben ist, dass sie es sich leisten kann, ohne Antwort auf eine Frage zu bleiben, von der für uns als endliche und unendlich fehlbare Wesen doch so viel abhängt. In anderen Worten: Wenn es zutrifft, dass der Hymnus nicht zu sagen braucht, *wer wem vergibt*, dann trifft nicht minder zu, dass es im menschlichen Zusammenleben unzählige Situationen gibt, in denen diese Frage von überragender Bedeutung ist. Der Abgrund zwischen der unverzeihlichen Schuld und der sich als unmöglich ankündigenden Vergebung gibt somit das Maß vor für den Weg, den es von der einfachen Erklärung „es gibt die Vergebung“ bis zu dem konkreten Sprechakt „ich vergebe dir“ noch zurückzulegen gilt. Die abschließende Formulierung, die Ricœur der Frage der Vergebung gibt und mit der er den „Geist der Vergebung“ auf seine sich in den beiden folgenden Abschnitten als „Odyssee“ erweisende Reise entlässt, lautet daher wie folgt: „*Wenn es die Vergebung gibt*, […] *gibt es dann auch Vergebung für uns*?“ (S. 715; Hervorhebung F. B.) Von der Beantwortung dieser Frage wird im Folgenden alles abhängen.

64 Derrida: Jahrhundert der Vergebung, S. 10.

65 Ebd. – Ricœur gibt diese Passage als direktes Zitat wieder, vgl. Ricœur: *Gedächtnis, Geschichte, Vergessen*, S. 716.

2. Ein langer Umweg

Paul Ricœur hat die Teilstrecke des Weges, die in den Abschnitten II und III des Epilogs zurückgelegt wird, unter den Titel einer „Odyssee des Geists der Vergebung" gestellt. Wie dieser Titel bereits ankündigt, nimmt der mit der Formulierung der Gleichung der Vergebung eingeschlagene Weg nun die Form eines langen Umweges an, welcher den Verlauf einer weit geschwungenen Parabel beschreibt. Das Ziel dieses Umweges besteht darin, die Vergebung sukzessive „aus den der Selbstheit fernsten Bereichen (Recht, Politik und Sozialmoral) zum Ort ihrer mutmaßlichen Unmöglichkeit, das heißt der Zurechenbarkeit, zurückzuführen." (S. 700) Ehe die Reflexion jedoch wieder in den „Kern der Selbstheit und der Zurechenbarkeit" (S. 701) zurückverlegt werden kann, welcher den Überlegungen Ricœurs nicht nur als Ausgangspunkt, sondern – wie zunehmend deutlich wird – auch als Gravitationszentrum dient, durchläuft sie zwei große Etappen: zum einen den „Weg durch die Institutionen" (im Abschnitt II, S. 717–730) und zum anderen die „Etappe des Tauschs" (im Abschnitt III, S. 731–744).

Die erste Etappe führt durch eine Reihe von Institutionen, „die durch die öffentliche Anklage auf den Plan gerufen werden" (S. 700) und denen in unserer Gesellschaft die Verwaltung der Schuld obliegt: Gerichtshöfe, Tribunale, Kommissionen mit dem Ziel der nationalen Aussöhnung, Strafvollzugsanstalten. Damit gerät ein Zusammenhang in den Blick, der bislang noch nicht eigens thematisiert wurde: der „Konnex von Vergebung und Strafe" (S. 717). Zwei Fragen stehen hier im Vordergrund: Auf der Ebene der kriminellen Schuld stellt sich erstens die Frage der Unverjährbarkeit von Verbrechen, in der Ricœur den „ersten wichtigen Prüfstein des praktischen Problems der Vergebung" (S. 700) erkennt. Wir werden dieser Frage eine besondere Aufmerksamkeit widmen, da sie einen der wenigen Punkte innerhalb der Konzeption Ricœurs markiert, an dem der Einfluss der Zeit explizit in den Blick rückt.[66] Die zweite Frage – sie stellt Ricœurs eigentliche Leitfrage dar – zielt darauf ab, den Platz zu bestimmen, „welchen [...] die Vergebung am Rande der mit dem Bestrafen betrauten Institutionen einnimmt." (Ebd.) Provoziert wird diese Frage in gewisser Weise durch das am Ende des vorigen

66 Die Frage der Unverjährbarkeit wird uns auch eine passende Gelegenheit bieten, Vladimir Jankélévitch zu Wort kommen zu lassen, dessen Stellungnahmen zur Frage der Vergebung sich gerade aufgrund ihrer Unversöhnlichkeit als geeignet erweisen, die Diskussion um einige wichtige Aspekte zu ergänzen. Siehe unten S. 54–57.

Abschnitts zitierte Verdikt Derridas, demzufolge die Vergebung ihre ‚Reinheit' verliert, sobald sie in eine Ordnung eintritt, welche nicht nur als Ort der öffentlichen Anklage und Bestrafung, sondern auch als ein soziales Regulativ fungiert, das durch bestimmte Zwecke determiniert wird und dem die Aufrechterhaltung bzw. Wiederherstellung einer wie auch immer gearteten Normalität obliegt.
In der zweiten Etappe, der des Tausches, unternimmt Ricœur den Versuch, die *vertikale* Beziehung zwischen der Tiefe der Schuld und der Höhe der Vergebung in eine *horizontale* Relation zu überführen, welche „die Bitte um und die Gewährung von Vergebung einen Moment lang auf eine Stufe stellt und in ein Wechselverhältnis bringt, als ob zwischen den beiden Sprechakten tatsächlich eine Austauschbeziehung bestünde." (S. 700) Zu diesem horizontalen Klärungsversuch ermutigt sieht sich Ricœur durch die in vielen Sprachen anzutreffende „Verwandtschaft von Vergebung (*pardon*) und Gabe (*don*)" (ebd.). Die Annahme einer Korrelation zwischen dem Sprechakt, der um Vergebung bittet, und dem Sprechakt, welcher die Vergebung gewährt, erlaubt es, „die Schuld aus der einseitigen Ordnung von Beschuldigung und Strafe in die Ordnung des Austauschs" (S. 731) zu verschieben, wobei die große Frage sein wird, wie eine Austauschbeziehung gedacht werden kann, die in der Lage ist, die ursprüngliche Asymmetrie zwischen der Tiefe der Schuld und der Höhe der Vergebung in sich aufzunehmen.

Die Ordnung der Anklage: Beschuldigen und Bestrafen

> Der Machthaber verzeiht nie wirklich.
> (Elias Canetti: *Masse und Macht*)

Die Situationen, die Ricœur „ganz allgemein unter der Rubrik der Institution"[67] bzw. „des fernen Anderen" klassifiziert, haben gemeinsam, dass „die Schuld hier unter die soziale Regel der Beschuldigung

67 Ricœur verwendet den Ausdruck ‚Institution' in einem weiteren Sinne als dem uns aus der Alltagssprache geläufigen. ‚Institution' bezeichnet bei ihm jede Form der Beziehung zum Anderen, die sich nicht auf eine Relation von Angesicht zu Angesicht reduzieren lässt. Ricœur behält diesem Bereich von Beziehungen die Kategorie des ‚Jedermann' vor (alternativ spricht er auch von dem ‚Gegenüber ohne Gesicht' oder dem ‚fernen Anderen'), wobei er betont, dass diese Kategorie nicht notwendigerweise mit der des Anonymen in eins fällt, gemäß einer zu raschen Identifikation mit dem ‚Man' Kierkegaards oder Heideggers. „Der Jedermann", so Ricœur, „ist eine bestimmte Person, aber ich erreiche sie nur durch die Kanäle der Institution." (Vgl. Ricœur: Annäherungen an die Person, S. 231.)

gestellt wird.“ (S. 717) Die Reflexion verlagert sich damit in denjenigen Bereich des Sozialen, in dem der Mensch in erster Linie in seiner Eigenschaft als verantwortliches und zur Verantwortung zu ziehendes Mitglied eines politischen Gemeinwesens in Erscheinung tritt.

Im Hinblick auf den Zusammenhang von Vergebung und Strafe liegt diesem Bereich eine einfache Logik zugrunde, die von dem axiomatischen Grundsatz ausgeht, dass man „in dieser sozialen Dimension nur dort vergeben [kann], wo man strafen kann“ (ebd.). Strafen wiederum kann man nur dort, wo eine eindeutig feststellbare Übertretung gemeinsamer Regeln vorliegt. Aus den Kombinationen ergibt sich eine strikte Folge: Wo es soziale Regeln gibt, gibt es die Möglichkeit ihrer Übertretung; und wo es eine Übertretung gibt, gibt es die Möglichkeit der Bestrafung, wobei letztere Ricœur zufolge darauf abzielt, das Gesetz durch eine symbolische und tatsächliche Negation des dem Anderen zugefügten Unrechts wiederherzustellen (vgl. ebd.).[68] „Wenn auf dieser Ebene Vergebung möglich wäre“, führt Ricœur weiter aus, „würde sie darin bestehen, die Strafsanktion aufzuheben, dort nicht zu strafen, wo man strafen kann und muß.“ (Ebd.) Das Problem dabei ist, dass die Vergebung auf diese Weise eine Straflosigkeit schaffen würde, die allgemein und insbesondere aufseiten der Opfer als große Ungerechtigkeit wahrgenommen werden würde. Daraus folgt, dass die Vergebung „unter dem Zeichen der Beschuldigung [...] nicht frontal die Schuld treffen [kann], sondern nur marginal den Schuldigen. Das de jure Unverzeihbare bleibt.“ (Ebd.)[69]

68 Was den letztgenannten Gedanken betrifft, so weist Ricœur an anderer Stelle darauf hin, dass „der strafende Aspekt in Form der verhängten Sanktion nicht die Hauptfunktion des Urteils auslöschen [sollte], welche darin besteht, in einer bestimmten Situation Recht zu sprechen; deshalb auch muß die Vergeltungsfunktion des Urteils als seiner Wiederherstellungsfunktion untergeordnet angesehen werden“ (S. 496). Die Aufgabe des Richters erschöpft sich also nicht darin, eine bestimmte Strafe zu verhängen, sondern seine Hauptfunktion besteht darin, eine definitive Entscheidung zu fällen, deren endgültiger Charakter sich in das Abschließende des Urteilsspruches transformiert: „Der Richter muß richten – das ist seine Funktion. Er muß beschließen. Er muß entscheiden“ (S. 496–497), und zwar „jetzt und endgültig“ (S. 502).

69 Der Argumentationsgang, den Ricœur hier skizziert, entspricht weitgehend der Konzeption Hannah Arendts. Arendt geht in der *Vita activa* von der Prämisse aus, dass „die einzige echte Alternative des Vergebens die Strafe“ (Arendt: *Vita activa*, S. 307) sei; ihr zufolge gehört es „zu den elementaren Gegebenheiten im Bereich

Um „im Labyrinth der institutionellen Ebenen" (ebd.) nicht die Orientierung zu verlieren, greift Ricœur in seinen folgenden Ausführungen auf die Unterscheidung zwischen krimineller, politischer und moralischer Schuld zurück, die Karl Jaspers in seiner 1946 erschienenen Schrift *Die Schuldfrage*[70] vorgeschlagen hat (vgl. S. 718). Die Kategorie der *kriminellen Schuld* entspricht weitgehend der strafrechtlichen Schuldauffassung: „Sie betrifft Handlungen, die gegen eindeutige Gesetze verstoßen; die hierfür zuständige Instanz ist das Gericht und der Prozeß; die bewirkte Folge ist die Strafe" (ebd.). Die *politische Schuld* ergibt sich „aus der de facto-Zugehörigkeit der Staatsbürger zu einer politischen Körperschaft" (S. 725), in deren Namen bestimmte Verbrechen begangen wurden. Unter der Einschränkung, dass man den „Begriff eines kriminellen Volkes" ausdrücklich zurückweist, hält Ricœur es durchaus für gerechtfertigt, die politische Schuld auch als eine ‚kollektive' Schuld zu bezeichnen, und zwar insofern, als jeder Staatsbürger dazu aufgerufen ist, „für die Übel, die der Staat [...] geschaffen hat, in gewisser Weise Verantwortung [*zu*] übernehmen" (ebd.). Unter *moralischer Schuld* schließlich versteht Ricœur „die Masse kleiner oder großer individueller Handlungen, die durch stillschweigendes oder ausdrückliches Einverständnis zur kriminellen Schuld der Politiker und zur politischen Schuld der Mitglieder der politischen Körperschaft beigetragen haben." (S. 727) Was die Ebenen der politischen und der moralischen Schuld betrifft, so werde ich mich darauf beschränken, am Ende dieses Abschnitts die wichtigsten Ergebnisse festzuhalten. Dies geschieht zugunsten einer ausführlicheren Betrachtung der Ebene der kriminellen Schuld, auf der sich – vermittelt durch den Begriff der Unverjährbarkeit – ein weiterer Berührungspunkt zwischen der Vergebung und der Zeit abzeichnet.

der menschlichen Angelegenheiten, daß wir außerstande sind zu verzeihen, wo uns nicht die Wahl gelassen ist, uns auch anders zu verhalten und gegebenenfalls zu bestrafen" (ebd.). Von dieser Überlegung ausgehend kommt Arendt zu dem Schluss, dass „in der Verzeihung zwar eine Schuld vergeben wird, diese Schuld aber sozusagen nicht im Mittelpunkt der Handlung steht; in ihrem Mittelpunkt steht der Schuldige selbst, um dessentwillen der Verzeihende vergibt. *Das Vergeben bezieht sich nur auf die Person und niemals auf die Sache, und es kann daher auch objektiv ungerecht sein* [...]. Denn wenn ein Unrecht verziehen wird, so wird demjenigen verziehen, der es begangen hat, was natürlich nicht das geringste daran ändert, daß das Unrecht unrecht war." (Ebd., S. 308; Hervorhebung F. B.)

70 Karl Jaspers: *Die Schuldfrage*. Heidelberg: Lambert Schneider 1946; zur Unterscheidung der Schuldbegriffe vgl. insbesondere ebd., S. 31–34.

Der historische Hintergrund, von dem sich *die Frage der Unverjährbarkeit* abhebt, sind die großen Verbrechen in der ersten Hälfte des 20. Jahrhunderts, die auf nationaler und internationaler Ebene die Einrichtung einer speziellen Strafgesetzgebung zur Folge hatten, in deren Mittelpunkt die Etablierung des juristischen Begriffs der „Verbrechen gegen die Menschheit" steht (vgl. S. 718). Derrida hat dargelegt, dass „dieser Begriff ‚Verbrechen gegen die Menschheit' innerhalb des Horizontes der ganzen Geopolitik der Vergebung [bleibt]. Er liefert ihr ihren Diskurs und ihre Legitimation."[71] Die Rede von ‚Verbrechen gegen die Menschheit' ist mittlerweile so geläufig und alltäglich geworden, dass wir leicht vergessen, wie exzeptionell die Vorgänge waren, die das Auftauchen dieses relativ jungen Begriffs evoziert haben und inwiefern diese Vorgänge mit der Vergebung zusammenhängen. Wenn man das 20. Jahrhundert – wie Derrida dies tut – als ein „Jahrhundert der Vergebung" bezeichnen kann, so vor allem deshalb,

> weil in diesem Jahrhundert ungeheuerliche (also „unverzeihbare") Verbrechen nicht nur begangen worden sind – was an sich vielleicht nicht so neu ist –, sondern sichtbar und bekannt geworden, erinnert, benannt und archiviert worden sind, und zwar durch ein „universales Bewußtsein", das besser als jemals zuvor informiert ist; weil sich diese zugleich grausamen und schwerwiegenden Verbrechen dem Maße jeder menschlichen Gerechtigkeit zu entziehen scheinen oder weil man dafür gesorgt hat, daß sie sich dem Maße jeder menschlichen Gerechtigkeit entziehen: nun deshalb fand sich dabei der Ruf um Vergebung (erhoben also vom Unverzeihbaren selbst!) reaktiviert, re-motiviert und verstärkt.[72]

Das Unverzeihbare selbst also stand am Anfang desjenigen Prozesses, in dessen Verlauf die Unverjährbarkeit der Verbrechen gegen die Menschheit verkündet und „mit dem Siegel des internationalen Rechts versehen" (S. 721, Anm. 21) worden ist.[73]

71 Derrida: Jahrhundert der Vergebung, S. 10.

72 Ebd., S. 11.

73 Ricœur skizziert den Verlauf und die einzelnen Stationen dieses Prozesses – auf der Ebene des nationalen französischen Rechts und der des internationalen Strafrechts – in einer umfangreichen Fußnote (vgl. S. 721, Anm. 21). – Was die deutsche Rechtsprechung betrifft, so können die entsprechenden Paragraphen des Völkerstrafgesetzbuches (§ 5 „Unverjährbarkeit"; § 7 „Verbrechen gegen die Menschlichkeit") im Internet auf einer vom Bundesministerium der Justiz bereitgestellten Seite abgerufen werden; siehe Völkerstrafgesetzbuch. http://bundesrecht.juris.de/vstgb/ (Zugriff am 18.11.2013).

Die Frage der Unverjährbarkeit konnte sich in diesem Zusammenhang nur deshalb stellen, weil es von Rechts wegen für alle Delikte und Verbrechen (mit Ausnahme des Mordes) eine *Verjährung* gibt, deren Frist sich nach der mutmaßlichen Schwere der Vergehen bemisst. Das Prinzip der Verjährung gilt sowohl im Zivilrecht, wo es die Formen der ‚Ersitzung' und der ‚Tilgung' annimmt, als auch im Strafrecht, wo es dem Kläger nach Ablauf einer bestimmten Frist untersagt, sich an das zuständige Gericht zu wenden; ist das Gericht bereits befasst worden, so wird jede weitere Strafverfolgung suspendiert (vgl. S. 719). Man lässt das Verfahren also auf sich beruhen oder sorgt dafür, dass dieses gar nicht erst eröffnet wird. Kurzum, mit dem Ablaufen der Frist kommt es zum Erlöschen der Klage.
Man wird Ricœur darin zustimmen, dass die Verjährung in all diesen Formen „eine erstaunliche Einrichtung [ist], die nur mühsam durch die Annahme begründet wird, daß die Zeit sich auf Verpflichtungen auswirkt, von denen man eigentlich annimmt, daß sie die Zeit überdauern." (Ebd.) Damit ist der Nerv des Arguments benannt: Wenn die Verjährung – wie es der französische *Code civil* unverblümt ausspricht – als ein quasi-natürlicher „Effekt der Zeit" (S. 719) angesehen wird, „dann geht es eigentlich um Irreversibilität: um die Weigerung, nach einer willkürlich festgelegten Spanne von Jahren in der Zeit zur Tat und ihren illegalen oder irregulären Spuren zurückzugehen." (S. 719–720) Ihr apologetisches Grundmuster findet diese Weigerung in der sprichwörtlichen Rede „Was geschehen ist, ist geschehen", die den sogenannten gesunden Menschenverstand zu einem guten Teil auf ihrer Seite weiß. „Warum also an alte Wunden rühren?" – in dieser und ähnlichen Redewendungen (die mitunter auf einer sorgfältig kalkulierten Äquivokation eines sozialen und eines sich als ‚natürlich' ausgebenden Zeitempfindens beruhen) kommt die Haltung zum Ausdruck, auf welche sich die Advokaten der Verjährung berufen. Aufs Trefflichste illustriert wird diese Haltung durch die Äußerungen eines französischen Strafverteidigers namens Maurice Garçon, den Jean Améry mit den folgenden Worten zitiert:

> „Schon das Kind", belehrt uns der Maître [Maurice Garçon], „dem man eine vergangene Gehorsamsverletzung vorhält, antwortet: Aber das ist ja schon lange vorbei. Das Lange-Schon-Vorbeisein erscheint ihm auf natürlichste Art

> als Entschuldigung. Und auch wir sehen in der Entfernung durch die Zeit das Prinzip der Verjährung. Das Verbrechen verursacht Unruhe in der Gesellschaft; sobald aber das öffentliche Bewußtsein die Erinnerung an das Verbrechen verliert, verschwindet auch die Unruhe. Die vom Verbrechen zeitlich weit entfernte Strafe wird sinnlos."[74]

In dieser Argumentation stellt das Prinzip der Verjährung gleichsam ein Ventil dar, welches den Abfluss der Zeit so regeln soll, dass Stauungen und Verstopfungen vermieden werden, welche – in Gestalt latent gärender Konflikte und anhaltender Ressentiments – die soziale Ordnung eventuell bedrohen könnten. Das Argument einer quasi-natürlichen Abnutzung der Anklage durch die Zeit kaschiert jedoch, dass die Zeit für sich genommen gar keine Verjährung bewirken könnte, wenn die Untätigkeit der strafverfolgenden Instanzen durch die Gesellschaft nicht auch stillschweigend gebilligt würde (vgl. S. 720). In der Tat ist die Verjährung, wie Ricœur hervorhebt, letzten Endes „rein utilitaristisch" (ebd.) zu rechtfertigen:

> Es ist von öffentlichem Nutzen, eventuellen Prozessen [...] ein Ende zu setzen. Die Verjährung in Form von „Ersitzung" dient dazu, Eigentumsverhältnisse zu konsolidieren; die Verjährung in Form von „Tilgung" schützt vor endloser Verschuldung. Die Verjährung staatlicher Strafverfolgung stärkt den abschließenden, „definitiven" Charakter der Strafurteile im allgemeinen, die den Zustand juridischer Unsicherheit beenden sollen, der den Prozeß veranlaßte. (Ebd.)

Konsolidierung, Schutz vor Verschuldung, Beendung juridischer Unsicherheit – so nützlich die Verjährung „als Bewahrerin der sozialen Ordnung" (S. 720–721) auch sein mag, so sehr sind „die in diesem Zusammenhang ausgeübte Rolle sozialer Regulation und die Vergebung heterogen." (S. 720)

Man muss sich folglich davor hüten, Verjährung und Vergebung vorschnell miteinander zu identifizieren. Dass ein Denker wie Jankélévitch – in einem Essay, dessen Veröffentlichung im Jahre 1971 in die Hochphase der sogenannten Verjährungsdebatte fiel[75] – sich zu der Behauptung hinreißen lassen konnte, dass die Verjährung „darauf hinauslaufen würde, [...] im Namen der Moral zu vergeben"[76], wird jedoch verständlich, wenn man sich vor Augen hält, was für ein zweifelhaftes Amalgam die Institution der Verjährung darstellt, die

74 Jean Améry: Ressentiments. In: Ders.: *Jenseits von Schuld und Sühne*, S. 102–129, hier S. 115.

75 Vgl. Altwegg: Kein Vergessen, kein Verstehen, kein Verzeihen, S. 15–20.

76 Jankélévitch: Verzeihen?, S. 250.

„sowohl ein Phänomen gesellschaftlicher Passivität, Trägheit, Nachlässigkeit und Untätigkeit als auch eine willkürliche gesellschaftliche Geste“ (ebd.) umfasst.

Der Verjährung exakt entgegengesetzt ist das *Prinzip der Unverjährbarkeit.* Es eröffnet die Möglichkeit, die Urheber der für unverjährbar erklärten Verbrechen ohne zeitliche Befristung zu verfolgen (vgl. S. 722). Das Recht erhält dadurch „sein Beharrungsvermögen zurück“ (ebd.), ungeachtet aller Hindernisse und Widrigkeiten, die der tatsächlichen Entfaltung der Auswirkungen des Rechts entgegenstehen. Bemerkenswert ist die Figur einer doppelten Aufhebung, die der Begriff der Unverjährbarkeit in seinem juristischen Sinne impliziert: „Unverjährbarkeit bedeutet, daß das Prinzip der Verjährung nicht herangezogen wird. Sie suspendiert ein Prinzip, das seinerseits darin besteht, die Ausübung staatlichen Handelns zu verhindern.“ (Ebd.) Gerechtfertigt wird diese „Aufhebung einer ihrerseits suspendierenden Regel“ (ebd.) durch die außerordentliche Schwere der in Frage stehenden Verbrechen. Wenn das Prinzip der Verjährung oben mit einem Ventil verglichen worden ist, das den Abfluss der Zeit nach bestimmten, letzten Endes utilitaristisch gerechtfertigten Zielvorgaben reguliert, so könnte man nun davon sprechen, dass das entgegengesetzte Prinzip der Unverjährbarkeit den Rechtsapparat in eine Art Lautsprecher oder Verstärker verwandelt, der dafür sorgt, dass der Ruf nach Gerechtigkeit niemals nachlässt und unausgesetzt durch die Kanäle der Institution hindurchhallt, denn „im Gegensatz zum trügerischen Argument der Abnutzung der öffentlichen Anklage durch den mechanischen Effekt der Zeit wird angenommen, daß die Mißbilligung der betreffenden Verbrechen keine zeitlichen Grenzen kennt.“ (S. 722)

Besonders eindringlich ist dieser Zusammenhang von Vladimir Jankélévitch formuliert worden, dessen Stellungnahmen zur Frage der Vergebung bei Ricœur nur in einer Fußnote Berücksichtigung finden (vgl. S. 723, Anm. 22). Kurz im Anschluss an die oben zitierte Stelle kommt Jankélévitch auf den Einfluss der Zeit zu sprechen, die den eigentlichen Kern seiner Reflexion über die Frage der Vergebung ausmacht:

> Die Zeit, die alle Dinge abstumpft, die Zeit, die an der Abmilderung des Kummers wie an der Erosion der Berge arbeitet, die Zeit, die das Verzeihen und das Vergessen fördert, die Zeit, die Trost bringt, die tilgende und heilende

> Zeit lindert in keiner Weise die ungeheure Hekatombe: Sie hört im Gegenteil nicht auf, das Entsetzen darüber wiederaufleben zu lassen. Mit gutem Recht formuliert das Votum des französischen Parlaments ein Prinzip und, gewissermaßen, eine Unmöglichkeit *a priori*: Die Verbrechen gegen die Menschlichkeit sind *unverjährbar*, das heißt, sie *können* nicht abgebüßt werden; die Zeit hat keinen Einfluß auf sie. Nicht, weil eine Verlängerung von zehn Jahren nötig wäre, um die letzten Schuldigen zu bestrafen. Es ist überhaupt unverständlich, daß die Zeit, ein natürlicher Vorgang ohne normativen Wert, eine mildernde Wirkung auf das unerträgliche Grauen von Auschwitz ausüben konnte.[77]

Die Argumentation Jankélévitchs stimmt in diesem Punkt mit derjenigen Ricœurs überein, der die Idee einer ‚natürlichen' Verjährung ja ebenfalls als trügerisch zurückweist. Wenn Jankélévitch der Zeit hier jeden erosiven Einfluss auf die von den Nationalsozialisten ins Werk gesetzte Vernichtungspolitik abspricht, so geschieht dies jedoch nicht aus der Überzeugung heraus, dass der Zeit in diesem Zusammenhang keinerlei Relevanz zukäme, sondern im Gegenteil gerade deshalb, weil die Zeit in seinen Überlegungen als die einzige Größe erscheint, die sich in ihrer Unermesslichkeit noch mit einem Verbrechen koordinieren lässt, das alle Proportionen sprengt und für das es deshalb auch keine angemessene Strafe mehr geben kann. „Genau genommen", schreibt Jankélévitch,

> ist das überwältigende Massaker kein Verbrechen im menschlichen Maßstab; so wenig wie die astronomischen Größen und die Lichtjahre. Daher sind die Reaktionen, die es wachruft, zunächst Verzweiflung und ein Gefühl der Ohnmacht vor dem Nichtwiedergutzumachenden.[78]

Dieses Gefühl verbindet sich bei Jankélévitch mit der Überzeugung, dass

> man den Verbrecher nicht mit einer Strafe bestrafen [kann], die zu seinem Verbrechen in einem angemessenen Verhältnis steht: Denn angesichts des Unendlichen neigen alle endlichen Größen dazu, einander auszugleichen, so daß die Bestrafung beinahe gleichgültig wird; das, was geschehen ist, ist im buchstäblichen Sinne *unsühnbar*.[79]

Insgesamt betrachtet, laufen die Überlegungen Jankélévitchs also darauf hinaus, dem Begriff des Unverjährbaren einen Sinn beizulegen, der über seine exakte juristische Bedeutung hinausgeht und daneben auch die Dimension des ‚Unsühnbaren' und des ‚Nichtwiedergutzumachenden' umfasst. Die Unverjährbarkeit erscheint bei Jankélévitch somit auch weniger als eine Kategorie des Rechts als

77 Jankélévitch: Verzeihen?, S. 250.

78 Ebd., S. 253.

79 Ebd., S. 253–254.

vielmehr als ein Korrelat für die Unvergänglichkeit eines in seiner Abgründigkeit für singulär gehaltenen Unrechts, von dem Jankélévitch am Ende seines Essays erklärt, dass es „dauern [wird] bis ans Ende aller Tage.“[80]

Anders als Jankélévitch untersagt es sich Ricœur, die Frage nach der „Beziehung […] zwischen dem Unverjährbaren und dem Unverzeihlichen“ (S. 722) über die Grenzen hinauszuführen, die ihr durch den institutionellen Rahmen gesetzt werden. Aus dieser Begrenzung heraus kann er erklären, dass es seiner Meinung nach falsch wäre, die beiden Begriffe zu verwechseln: „Verbrechen gegen die Menschlichkeit und Völkermord können nur deshalb (fälschlicherweise) als unverzeihlich bezeichnet werden, weil sich die Frage gar nicht stellt.“ (Ebd.) Der Grund dafür ist oben bereits genannt worden: Der Bereich des Rechts, in dem der Begriff des Unverjährbaren seinen genuinen Ort hat, konstituiert eine Ordnung, welche die Vergebung zwangsläufig aus sich ausschließen *muss*, um die ihr eingeschriebene Funktion und Aufgabe erfüllen zu können: „Es muß Gerechtigkeit geübt werden. Gerechtigkeit kann nicht durch Gnade ersetzt werden. Verzeihen hieße, Straflosigkeit zu sanktionieren, was eine große Ungerechtigkeit gegenüber dem Gesetz und mehr noch gegenüber den Opfern wäre.“ (S. 722–723)

Dass der Begriff des Unverjährbaren nicht mit dem Begriff des Unverzeihbaren verwechselt werden darf, heißt jedoch nicht, dass zwischen beiden Begriffen keinerlei Gemeinsamkeit oder Verbindung besteht. Ricœur selbst räumt dies zumindest ein Stück weit ein (und nimmt dabei auf Jankélévitch Bezug), wenn er erklärt, dass eine „Verwechslung“ (S. 723) zwischen diesen beiden Begriffen dadurch begünstigt werden konnte, dass die Verbrechen, die das Strafrecht für unverjährbar erklärt, in ihrer maßlosen „Ungeheuerlichkeit“ etwas darstellen, woran das „Prinzip der Proportionalität“ zerbricht, welches das Verhältnis zwischen den Verbrechen und den Strafen regelt (vgl. ebd.). Allein in diesem eng umschriebenen Sinne, nämlich dass es für ein „Verbrechen jenseits aller Proportion […] keine angemessene Strafe“ mehr geben kann, sei es gerechtfertigt, diese Verbrechen als „etwas de facto Unverzeihliches“ zu bezeichnen (ebd.).

80 Ebd., S. 282.

Dass Ricœur – zurecht – daran gemahnt, das Unverjährbare und das Unverzeihliche begrifflich sorgsam auseinanderzuhalten, sollte uns jedoch nicht daran hindern, noch etwas weiter der Frage zu folgen, auf deren Spur uns Jankélévitch gebracht hat: Weist der Begriff des Unverjährbaren nicht auf eine Verbindung hin, die zwischen dem Unverzeihlichen und der Zeit besteht und die folglich auch die Vergebung umfasst? Jacques Derrida hat darauf hingewiesen, dass die „Einzigartigkeit des Begriffs der Unverjährbarkeit" letztlich vermutlich daher rühre, „daß sie auch, wie das Vergeben und das Unverzeihbare, eine Art von Ewigkeit oder Transzendenz, den apokalyptischen Horizont eines jüngsten Tages einführt: ins Recht jenseits des Rechts, in die Geschichte jenseits der Geschichte."[81] Wenngleich „der juristische Begriff *unverjährbar* keineswegs mit dem nicht juristischen Begriff des Unverzeihbaren gleichbedeutend ist"[82] (worin sich Derrida und Ricœur übrigens einig sind), so besteht zwischen diesen beiden Begriffen doch die Gemeinsamkeit, dass sie jeweils mit dem Prinzip der Proportionalität brechen. Für das Unverzeihbare gibt es keinen Maßstab, keine Möglichkeit, zwischen mehr oder weniger zu unterscheiden, ebensowenig wie für das Unverjährbare. Beide Begriffe verweisen die Reflexion in einen Bereich, der außerhalb einer jeden der Äquivalenzlogik verpflichteten Ordnung liegt. Indem das Prinzip der Unverjährbarkeit den zeitlichen Horizont der Strafverfolgung ins Infinite hinein erweitert (und auf diese Weise einen Anspruch begründet oder erneuert, der dem Recht in seiner idealen Gestalt zwar eingeschrieben ist, den es in seinem tatsächlichen Wirken jedoch nur selten – wenn überhaupt – einzulösen vermag), lässt es den Bereich des Rechts in einer ähnlichen Weise über sich selbst hinausweisen, wie das auch bei der Vergebung der Fall ist, welche als Antwort auf das Unverzeihbare von einer unerreichbaren Höhe herab ihre unermessliche Forderung verkündet. Diese Maßlosigkeit verbindet die Idee der Vergebung mit dem Unverjährbaren und dem Unverzeihlichen und rückt sie unter den Horizont einer Zeit, die den Rahmen der gewöhnlichen historischen Zeit überschreitet:

> Das Unverjährbare ist als juristischer Ausdruck sicherlich nicht das Unverzeihbare, wir haben vorhin gesehen warum. Aber das Unverjährbare […] verweist

81 Derrida: Jahrhundert der Vergebung, S. 11.

82 Ebd.

> in Richtung der transzendentalen Ordnung des Unbedingten, des Vergebens und des Unverzeihbaren, in Richtung einer Art von Geschichtslosigkeit, ja sogar von Ewigkeit und Jüngstem Gericht, das die Geschichte und die endliche Zeit des Rechts übersteigt: Für immer, „ewig", überall und immer wird ein Verbrechen gegen die Menschheit sich einer Verurteilung aussetzen, und man wird niemals sein strafrechtliches Archiv auslöschen. Es ist also eine gewisse Idee des Vergebens und des Unverzeihbaren, eines gewissen Jenseits des Rechts (aller historischen Bestimmung des Rechts), das die Gesetzgeber und die Parlamentarier inspiriert hat, diejenigen also, die das Recht machen [...].[83]

Wenn in der Konzeption Ricœurs *das Unverzeihbare* und *die Vergebung* „zwei extreme Unendlichkeiten" (S. 713–714) darstellen, eine unendliche Tiefe und eine unendliche Höhe, so legt der Begriff des Unverjährbaren es nahe, *die Zeit* als eine dritte unendliche Größe in die Gleichung der Vergebung zu integrieren. Die Vergebung bleibt, hatten wir weiter oben (in Anlehnung an den Korintherbrief) gesagt, sie hört niemals auf. Würde sie aufhören, würde das Wort der ‚Vergebung' widerrufen werden, so können wir sicher sein, dass es das falsche Wort war. Eine Aussage wie „ich habe dir gestern (vor zwei Wochen, zwei Jahren etc.) vergeben, aber heute vergebe ich dir nicht mehr" ist nur möglich um den Preis ihrer eigenen Aufhebung; sie wäre gleichbedeutend mit dem Eingeständnis, dass man nicht wirklich vergeben hat. Ein Versprechen kann gebrochen werden, ohne dass es deshalb aufhört, ein Versprechen zu sein. Auch als gebrochenes behält es seine ursprüngliche Bedeutung. Mit dem Sprechakt der Vergebung verhält es sich anders. Eine Vergebung auf Widerruf, eine Vergebung, die zurückgenommen werden könnte, würde jeden Sinn und jede Bedeutung verlieren. Die Vergebung ist unumkehrbar und unwiderruflich. Sie wirkt selbst über den Tod desjenigen, der sie ausgesprochen hat, hinaus. Auch wenn diese Person aufhört zu existieren, auch wenn alle Spuren, die sie hinterlassen hat, und jede Erinnerung an sie verloschen ist – die Vergebung bleibt. Die historische Zeit hat keinen Einfluss auf sie. Wie das Unverjährbare, so verweist also auch die Vergebung, um noch einmal die Formulierung Derridas aufzugreifen, auf „eine Art von Geschichtslosigkeit, die die endliche Zeit des Rechts übersteigt".

Dass Ricœur selbst darauf verzichtet, den Begriff der Unverjährbarkeit auf seine weiteren Bedeutungsdimensionen und möglichen

83 Ebd., S. 17.

Verbindungen mit der Vergebung hin zu befragen, hat, wie bereits erwähnt, vor allem damit zu tun, dass er sich darum bemüht, die Behandlung der Frage der Unverjährbarkeit in den Grenzen des juridischen Diskurses zu halten. Dem Strafrecht ist die Problematik der Vergebung jedoch grundsätzlich fremd (vgl. S. 724).[84] Vor Gericht geht es nicht darum zu vergeben; es geht darum, Recht zu sprechen.

Gleichwohl geht Ricœur davon aus, zumindest so etwas wie ein „Zeichen des Geists der Vergebung“ (ebd.) auf der Ebene der kriminellen Schuld ausfindig machen zu können. Ricœur erkennt dieses Zeichen in einer bestimmten „Geisteshaltung“ (ebd.), die den Umgang mit dem Angeklagten vor Gericht und die Behandlung der Verurteilten im Strafvollzug reguliert oder regulieren sollte. Einmal mehr ist es die Unterscheidung zwischen der Handlung und dem Handelndem, das heißt hier: zwischen der Straftat und dem Straftäter, die Ricœur dabei als Leitfaden dient:

> Es sind die Verbrechen, die für unverjährbar erklärt werden. Es sind jedoch die Individuen, die bestraft werden. Solange schuldig strafwürdig bedeutet, wirkt die Schuld von den Handlungen auf ihre Urheber zurück. Nun wird aber auch dem Schuldigen etwas geschuldet. Man kann es als Nachsicht und Beachtung bzw. Achtung (*considération*) bezeichnen, das Gegenteil von Verachtung oder Mißachtung. (Ebd.)

Weil die Straftäter Menschen wie ihre Richter bleiben, so Ricœur, haben sie ein Recht darauf, dass man ihnen mit Nachsicht und Beachtung begegnet und sie nicht der Verachtung aussetzt oder in demütigender Weise behandelt. Ricœur räumt wohl ein, dass es nötig ist, den speziellen Bereich extremer Verbrechen zu verlassen und sich gewöhnlichen Verbrechen zuzuwenden, um die Tragweite dieser Geisteshaltung zu verstehen (vgl. ebd.). Sie impliziert mitunter, dass auch dem Beschuldigten ein Recht zuerkannt wird, sich im Rahmen eines laufenden Prozesses Gehör zu verschaffen und zu verteidigen; solange die Schuld nicht eindeutig erwiesen und in einem Urteil festgestellt ist, gilt der Angeklagte als unschuldig. Ricœur zufolge drückt sich in diesen Regelungen eine Achtung gegenüber der menschlichen Person aus, deren Gültigkeit sich nicht

84 Vgl. dazu auch Thomas Macho: Fragment über die Verzeihung. In: *Zeitmitschrift. Journal für Ästhetik* 3 (1988), S. 135–145, hier S. 140: „Die Geste der Verzeihung bleibt dem Diskurs von Anklage und Verteidigung, von Vorwurf und Rechtfertigung, prinzipiell fremd.“

auf den Rahmen der Prozessordnung beschränkt, sondern „sämtliche Operationen im Umgang mit der Kriminalität" (ebd.) umfasst, polizeiliche inbegriffen. In noch charakteristischerer Weise, so Ricœur, betrifft diese Haltung der Nachsicht und Beachtung

> jedoch den Geist, in dem man an die Probleme der Kriminalität herangehen sollte. Wenn es wahr ist, daß der Prozeß den Zweck hat, an die Stelle der Gewalt die Rede und an die des Mordes die Diskussion zu setzen, dann ist es aber gleichwohl eine Tatsache, daß nicht jedermann gleichen Zugang zu den Waffen der Diskussion hat. Es gibt Menschen, die vom Wort ausgeschlossen sind, die, wenn sie vor Gericht gebracht werden – insbesondere in den Schnellverfahren bei Verhandlung von Delikten, bei denen die Täter auf frischer Tat ertappt wurden –, ihre Vorladung als einen weiteren Ausdruck dessen empfinden können, was sie täglich als institutionelle Gewalt erfahren. Daher begründet das Urteil, das die Moral von außen über die Justiz fällt, das Sprichwort: *summum jus, summa injuria.* (S. 724–725)

Ricœur weist hier auf einen wichtigen Punkt hin, der in den öffentlichen Diskussionen über Fragen der Kriminalität oftmals vergessen oder absichtlich unterschlagen wird. Nichtsdestotrotz erscheint es schwierig, die von Ricœur eingeforderte Haltung der Nachsicht und Beachtung auf *sämtliche* Verbrechen – also auch diejenigen, denen das Recht den Status der Unverjährbarkeit verleiht (Mord, Völkermord etc.) – auszuweiten. Die Verbrechen, die sich mit der Chiffre ‚Auschwitz' verbinden, können in diesem Zusammenhang als ein exemplarischer Grenzfall betrachtet werden, angesichts dessen man sich fragen kann, ob es nicht Formen der Schuld gibt, bei denen die Rede von einer „jedem Menschen und insbesondere dem Schuldigen geschuldeten Nachsicht und Beachtung" (S. 700) nur mehr als Ausdruck eines Wunschdenkens angesehen werden kann. Die Vorstellung, dass selbst in solchen Extremfällen „des dem Anderen unter Zerreißen der menschlichen Bande zugefügten Bösen" (S. 709) den Schuldigen Nachsicht und Achtung gebührt, stößt angesichts der Schwere bestimmter Verbrechen auf einen beträchtlichen Widerstand, welcher es nicht nur den unmittelbar Betroffenen zumeist unmöglich macht, sich dieser Forderung bedingungslos anzuschließen.

Was dieses Problem betrifft, bleibt Ricœurs eigene Position merkwürdig gespalten: Einerseits gesteht er zwar ein, dass „das Erschrecken über ungeheure Verbrechen verhindert, diese Nachsicht und Achtung auch auf deren Urheber auszudehnen" (S. 725); andererseits wird dieses Eingeständnis von ihm jedoch dadurch in gewisser

Weise konterkariert, dass er diesen inneren Widerstand interpretiert als „ein Zeichen unserer Unfähigkeit, absolut zu lieben.“ (Ebd.) Diese (unverkennbar christlich inspirierte) Interpretation erlaubt es Ricœur zwar, die Geisteshaltung der Nachsicht und Beachtung an den Unbedingtheitsanspruch der Vergebung zurückzubinden – sie erfordert dafür jedoch einen Preis, dessen Höhe den Gewinn fraglich erscheinen lässt. Denn wenn es zutrifft, dass es vor Gericht darum geht, Gerechtigkeit zu üben, den Schuldigen zu bestrafen und auf diese Weise Täter und Opfer wieder in einen „rechten Abstand“ (S. 726) zu bringen, so trifft nicht minder zu, dass die Ökonomie der Gerechtigkeit mit ihren Abwägungen und Gleichgewichten auf einer „Logik der Entsprechung oder Äquivalenz“ beruht, die der der Liebe eigentümlichen „Logik der Überfülle“[85] diametral entgegengesetzt ist.[86] In anderen Worten: Sowenig es im Strafprozess darum geht zu vergeben, sowenig geht es darum zu lieben. Auf der Ebene der kriminellen Schuld besteht zwischen der Liebe und der Gerechtigkeit ein ähnliches Verhältnis der Exklusion wie zwischen der Gerechtigkeit und der Vergebung. Insofern weist das ‚Zeichen des Geists der Vergebung‘, das Ricœur auf dieser Ebene ausmacht, einen höchst ephemeren und ambivalenten Charakter auf und gleicht eher einem nur schwer nachzuweisenden und sich ständig an der Grenze der Verflüchtigung befindlichen Spurenelement als einer eindeutig zu entziffernden Spur.

Eine ähnliche Ambivalenz kennzeichnet auch die Zeichen der Vergebung, die Ricœur auf den Ebenen der politischen und der moralischen Schuld ausmacht. Auf der politischen Ebene, so Ricœur, wird die dem Beschuldigten geschuldete Nachsicht und Beachtung „zur Mäßigung der Machtausübung, zur Selbstbeschränkung in der Gewaltanwendung, ja zur Milde gegenüber den Besiegten“ (S. 726–727). Auf der Ebene der moralischen Schuld – auf der sich die schwierige Frage stellt, ob Völker der Verzeihung fähig sind,

85 Die Unterscheidung zwischen einer ‚Logik der Äquivalenz‘ und einer ‚Logik der Überfülle‘ ist von Ricœur in einer Schrift entwickelt worden, die den Titel *Liebe und Gerechtigkeit* trägt (Paul Ricœur: *Liebe und Gerechtigkeit / Amour et justice*. Zweisprachige Ausgabe, hrsg. v. Oswald Bayer, aus d. Franz. v. Matthias Raden. Tübingen: Mohr 1990). Ricœur verweist auf diese Schrift an einer späteren Stelle des Epilogs (vgl. S. 734, Anm. 30).

86 Vgl. auch Ricœur: *Wege der Anerkennung*, S. 276: „Die Agape macht das Sichbeziehen auf Äquivalenzen sinnlos, weil sie weder Vergleich noch Kalkül kennt.“

was Ricœur schweren Herzens verneinen muss (vgl. S. 728) – nimmt die Idee der Nachsichtigkeit die „Form eines beharrlichen Willens zum Verständnis jener Anderen [*an*], die die Geschichte zu Feinden machte“ (S. 729). Zur Frage, welchen Platz die Vergebung innerhalb der mit dem Bestrafen betrauten Institutionen einnimmt, vermag die Untersuchung der politischen und der moralischen Schuld gleichwohl nichts grundlegend Neues hinzuzufügen. Allen drei Ebenen ist gemeinsam, dass die Vergebung sich hier allenfalls „in Gesten flüchten [kann], die außerstande sind, sich in Institutionen zu verwandeln.“ (S. 700) Entsprechend nüchtern fällt denn auch die Bilanz aus, die am Ende des ‚Weges durch die Institutionen‘ gezogen werden kann: Weder die Vorschriften bezüglich der dem Angeklagten geschuldeten Nachsicht und Beachtung noch das Ensemble an Gesten und Verhaltensweisen, das Ricœur auf der dreifachen Ebene der kriminellen, politischen und moralischen Schuld (mit einem Ausdruck Klaus-Michael Kodalles) als „Inkognito der Vergebung“[87] bezeichnet (vgl. S. 729), sind tatsächlich imstande, die Kluft zwischen der Tiefe der Schuld und der Höhe der Vergebung zu schließen (vgl. S. 754). Die Bedeutung, welche jenem ‚Inkognito‘, jenen unsichtbaren Leistungen der Vergebung, zukommt, wird von Ricœur daher auch an späterer Stelle relativiert, indem er zuerkennt, dass die vom Geiste der Nachsicht und Beachtung getragenen Gesten und Verhaltensweisen häufig allenfalls „Alibis der Vergebung“ (ebd.) seien.

87 Vgl. Klaus-Michael Kodalle: *Verzeihung nach Wendezeiten? Über Unnachsichtigkeit und misslingende Selbstentschuldung*. Antrittsvorlesung an der Friedrich-Schiller-Universität Jena. Erlangen / Jena: Palm & Enke 1994, S. 14. Kodalle verwendet den Ausdruck „Inkognito der Vergebung“ auch in seinen 2006 erschienenen *Annäherungen an eine Theorie des Verzeihens* (vgl. ebd., S. 35).

Die Ordnung des Austauschs: Geben und Vergeben

> Will man die von der Äquivalenzillusion verhexte Sphäre verlassen, hat man das Gleichheitszeichen zwischen dem Genommenen und dem Zurückgegebenen in Frage zu stellen. Mehr noch, man hätte es außer Kraft zu setzen, um einem Denken in Ungleichgewichten Vorrang zu gewähren. Für eine transkapitalistische Ökonomie können darum nur die vorwärtsweisenden, die stiftenden, gebenden und überschießenden Gesten konstitutiv sein. Allein futurisch engagierte Operationen sprengen das Gesetz des Äquivalententauschs auf, indem sie dem Schuldigwerden und Schuldenmachen zuvorkommen. Ihr moralisches Muster ist die psychologisch unwahrscheinliche, obschon moralisch unverzichtbare Geste des Verzeihens, durch die einem Schuldigen seine Tat vergeben wird.
>
> (Peter Sloterdijk: *Zorn und Zeit*)

„Es ist kein Zufall", schrieb Ricœur bereits in *Das Rätsel der Vergangenheit*, „daß das Verzeihen in vielen Sprachen semantisch der Gabe nahesteht: *pardon, perdono, Vergebung, forgiving.*"[88] Ermutigt durch diese Beobachtung und geleitet von dem Paar Geben / Vergeben, unternimmt Ricœur im dritten Abschnitt des Epilogs den Versuch, die Vergebung als *eine horizontale Relation* in den Blick zu nehmen, welche den Sprechakt des Schuldigen, der um Vergebung bittet, und den Sprechakt des Opfers, welches das Wort der Vergebung ausspricht, einander gegenüberstellt und in ein wechselseitiges Tauschverhältnis bringt (vgl. S. 700).

Ricœur geht dabei von dem Grundgedanken aus, dass das Vergeben nicht „in einem narzißtischen Selbstverhältnis" befangen bleibt, sondern „die Vermittlung durch ein anderes Bewußtsein voraus[setzt], das Bewußtsein des Opfers nämlich, welches allein befugt ist, zu verzeihen. Der Hauptakteur der Ereignisse, welche das Gedächtnis verletzen – der Urheber des *Unrechts* – kann nur um Verzeihung *bitten.*"[89] Die Annahme einer Korrelation zwischen

88 Ricœur: *Das Rätsel der Vergangenheit*, S. 148. – Aufgrund der weitreichenden Übereinstimmungen, die zwischen dem hier in Frage stehenden Abschnitt aus *Gedächtnis, Geschichte, Vergessen* und dem entsprechenden Abschnitt aus *Das Rätsel der Vergangenheit* bestehen (siehe oben S. 19–21), wird die Lektüre des Epilogs in diesem Abschnitt durch eine parallele Lektüre von *Das Rätsel der Vergangenheit* ergänzt.

89 Ebd., S. 145.

den beiden Sprechakten macht es jedoch erforderlich, zumindest vorübergehend von dem „Hauptmerkmal der Vergebung, nämlich ihrer Unbedingtheit" (S. 731) abzurücken. Ricœur verbirgt dabei nicht, diesen Schritt zunächst nur durch einen bestimmten Glauben rechtfertigen zu können:

> Wenn es die Vergebung gibt, hatte uns Derrida gesagt, dann muß sie *ohne die Bedingung* einer zuvor ausgesprochenen Bitte gewährt werden können. Und doch glauben wir – aufgrund eines praktischen Glaubens –, daß zwischen der Bitte um Vergebung und der gewährten Vergebung so etwas wie eine Korrelation besteht. Dieser Glauben verschiebt die Schuld aus der einseitigen Ordnung von Beschuldigung und Strafe in die Ordnung des Austauschs. (Ebd.; Hervorhebung F. B.)

Der Eintritt in die Ordnung des Austauschs bringt jedoch eine Reihe von Schwierigkeiten mit sich, die sich aus dem zentralen Problem ergeben, dass „in einer Beziehung, deren vertikale Struktur auf eine horizontale Korrelation projiziert wird, der ‚Höhenunterschied' zwischen der Vergebung und dem Schuldbekenntnis nicht mehr erkannt [wird]" (S. 733); zwischen dem Aggressor und dem Opfer würde folglich kein Unterschied mehr bestehen und kein Kriterium würde erlauben, die Vergebung von einer gewöhnlichen Transaktion – im Sinne eines juristischen Ausgleichs oder eines kommerziellen Handels – zu unterscheiden. Die Frage lautet also, wie eine Austauschbeziehung gedacht werden kann, die zwei sich anscheinend diametral entgegengesetzten Anforderungen genügt: erstens der Gegenseitigkeit und zweitens der Berücksichtigung des vertikalen Intervalls zwischen der Tiefe der Schuld und der Höhe der Vergebung. Dass eine „übereilte Gleichsetzung der Vergebung mit einem durch bloße Wechselseitigkeit definierten Austausch" (ebd.) dieses Problem nicht zu lösen vermag, liegt auf der Hand. Ricœurs Anstrengungen konzentrieren sich daher auf den Versuch, ein Modell des Tauschs zu entwickeln, das die Gegenseitigkeit in der Relation zwischen den beiden Sprechakten wahrt, ohne dabei die Dualität der Rollen des Schuldigen und des Opfers zu nivellieren.

Den Dreh- und Angelpunkt dieses Versuches bildet *eine Neueinschätzung des Begriffs der Gabe*, von dem Ricœur in *Das Rätsel der Vergangenheit* noch behaupten konnte, dass er „für den Begriff des Verzeihens grundlegend ist"[90]. Mit dem Begriff der Gabe sind

90 Ebd., S. 148.

allerdings einige spezifische Schwierigkeiten verbunden, da er, zumindest in unserem alltäglichen Sprachgebrauch, nicht zwingend eine Gegenseitigkeit impliziert (vgl. S. 734). Laut Wörterbuch – Ricœur schlägt in dem französischen *Robert* nach – heißt Geben „‚jemandem eine Sache, deren Eigentümer oder Besitzer man ist, in freier Absicht und ohne etwas als Gegenleistung zu empfangen, zu überlassen'" (ebd.). Die Betonung in dieser lexikalischen Bestimmung liegt auf dem Fehlen der Gegenseitigkeit, was dem alltäglichen Verständnis des Ausdrucks ‚Geben' recht nahe kommt. Führt man hingegen die Wechselseitigkeit als Regulativ in die Austauschbeziehung ein, so droht die Vergebung den Charakter eines ‚Geschäfts' anzunehmen, das auf Kalkül und individuellem Nutzen beruht und den Bereich der kommerziellen Ökonomie nicht verlässt. Der kritische Punkt verlagert sich damit auf die Frage, ob sich die als eine Gabe gewährte Vergebung „jenseits allen Austauschs zuträgt oder ob sie diesem nur in der kommerziellen Form des Austauschs entgegengesetzt ist."[91] Um diese Frage besser handhaben zu können, schlägt Ricœur vor, die Schwierigkeiten in zwei Momente zu zerlegen und sie sukzessive zu behandeln:

> Zunächst kommt es darauf an, im Gegensatz zu einer ersten Charakterisierung der Gabe als einseitig ihre Wechselseitigkeit wiederherzustellen. Anschließend gilt es innerhalb der Tauschbeziehung den ‚Höhenunterschied' wiederherzustellen, der die Vergebung von der Gabe im Geiste des Austauschs unterscheidet. (S. 734)

Was den ersten Schritt betrifft, die Wiederherstellung der Gegenseitigkeit, macht sich Ricœur einige Überlegungen aus dem (erstmals 1924 veröffentlichten) *Essai sur le don* des französischen Ethnologen Marcel Mauss[92] zu eigen, einem Werk, das zu den großen Klassikern der sozialanthropologischen Literatur gehört.[93] Die zentrale Lektion

91 Ricœur: *Das Rätsel der Vergangenheit*, S. 149.

92 Marcel Mauss: *Die Gabe. Form und Funktion des Austauschs in archaischen Gesellschaften*, aus d. Franz. v. Eva Moldenhauer. Frankfurt am Main: Suhrkamp 1990.

93 Mauss' *Essai* hat zahlreiche Leser und Interpreten gefunden (darunter so prominente Namen wie Claude Lévi-Strauss, Georges Bataille, Jacques Derrida und Michel Serres) und eine eigene Theorietradition begründet, die sich insbesondere in Frankreich als sehr produktiv erwiesen hat. – Eine empfehlenswerte Einführung in das Denken der Gabe bietet Iris Därmann: *Theorien der Gabe. Zur Einführung*. Hamburg: Junius 2010; vgl. dazu ferner die meisterhafte Studie von Marcel Hénaff: *Der Preis der Wahrheit. Gabe, Geld und Philosophie*, aus d. Franz. v. Eva Moldenhauer. Frankfurt am Main: Suhrkamp 2009.

von Mauss' *Essai* lässt sich (mit dem Ethnologen Karl-Heinz Kohl) wie folgt zusammenfassen:

> Erscheint die Gabe zunächst auch als eine freiwillige Leistung, so wohnt ihr doch ein dreifacher Zwang inne: die Obligation des Gebens, die des Nehmens und die des Erwiderns. [...] Die Gabe wirkt verpflichtend. Jede Leistung erfordert eine Gegenleistung. Ist ein solcher Tauschzyklus erst einmal in Gang gebracht worden, dann umfaßt er bald nicht mehr nur materielle Güter. [...] Da der Gabentausch vor allem anderen ein sozialer Akt ist, ist die materielle Substanz der Gabe gleichgültig gegenüber dem Geist der Gegenseitigkeit, den sie repräsentiert.[94]

Ricœur kommt es bei seiner Mauss-Lektüre vor allem darauf an, dass dieser die Gabe „nicht dem Tausch als solchem gegenüber[stellt], sondern der kommerziellen Form des Tauschs, dem Kalkül" (S. 735). „Das Gegenstück zu Geben heißt nämlich nicht Empfangen, sondern Erwidern, Wiedergeben." (Ebd.) Diese Verpflichtung zur Erwiderung der Gabe entfällt in einem merkantilen System, da die Bezahlung den wechselseitigen Verpflichtungen der Tausch-Akteure ein Ende setzt.[95] Was die von Mauss untersuchte Form des Austauschs in den Augen Ricœurs zudem aufwertet, ist der durch die Gabe angeregte „Wettstreit in der Freigebigkeit" (S. 736, Anm. 34). Ricœur hat hier die auf einer Idee der unproduktiven Verausgabung beruhende Institution des *Potlatsch* im Sinn, die spätestens seit dem von Georges Bataille angestimmten Lob der Verausgabung[96] ein über die Grenzen der Ethnologie hinaus bekanntes Beispiel für die ‚archaische' Form des Gabentausches darstellt.[97] Bemerkenswert an

94 Karl-Heinz Kohl: *Ethnologie – die Wissenschaft vom kulturell Fremden. Eine Einführung.* Erw. Auflage. München: Beck 2000, S. 89.

95 Vgl. Ricœur: *Wege der Anerkennung*, S. 289.

96 Vgl. dazu Georges Batailles Aufsatz „Der Begriff der Verausgabung" (in: Ders.: *Die Aufhebung der Ökonomie*, hrsg. v. Gerd Bergfleth, aus d. Franz. v. Traugott König / Heinz Abosch / Gerd Bergfleth. Erw. Auflage. München: Matthes & Seitz 1985, S. 7–31) sowie die umfassendere Untersuchung „Der verfemte Teil" (in ebd., S. 33–234), in der Bataille seine „Theorie des Potlatsch" (S. 93–110) in ausführlicher Weise präsentiert.

97 Der Potlatsch stellt eine hochgradig institutionalisierte Form des zeremoniellen Gabentausches dar, die von Ethnologen (an erster Stelle zu nennen wäre hier Franz Boas) bei verschiedenen indigenen Gruppen der amerikanischen Nordwestküste beobachtet worden ist. Von anderen Formen des Gabentausches unterscheidet sich der Potlatsch vor allem dadurch, dass das Moment des Wettstreits hier mitunter auf eine extreme Spitze getrieben wird. „Bei einigen Potlatschs", schreibt Mauss, „ist man gezwungen, alles auszugeben, was man besitzt; man darf nichts zurückbehalten. Derjenige, der seinen Reichtum am verschwenderischsten ausgibt, gewinnt an Prestige." (Mauss: *Die Gabe*, S. 84–85.)

der traditionellen Ökonomie der Gabe erscheint Ricœur vor allem, dass die Verpflichtung zur Erwiderung der Gabe aus der empfangenen Sache selbst hervorzugehen scheint (vgl. S. 736). „Den beim Potlatsch ausgetauschten Sachen" – schreibt Mauss, den Ricœur hier zitiert – „[wohnt] eine bestimmte Kraft inne, die sie zwingt, zu zirkulieren, gegeben und erwidert zu werden."[98] Das ‚archaische' Modell des Gabentausches, das auf der Verbindung der drei Verpflichtungen ‚Geben, Empfangen, Erwidern' beruht, erlaubt es also, die erste Charakterisierung der Gabe als einseitig zu korrigieren. Der Gedanke, dass eine Gabe nach einer Gegengabe verlangt, stellt im Übrigen kein ausschließliches Merkmal traditioneller Gesellschaften dar; auch in modernen Gesellschaften gibt es zahlreiche Situationen und Gelegenheiten (private Einladungen und Feiern, Weihnachts- und Hochzeitsgeschenke, einander erwiesene Gefallen und Hilfeleistungen etc.), bei denen wir die eigentümliche Verpflichtung empfinden, uns für die empfangene Gabe mit einer Gegengabe zu revanchieren.

Mit der Wechselseitigkeit taucht jedoch sofort ein neuer Einwand auf, der das zweite Problem betrifft: die Wiederherstellung des für die Gleichung der Vergebung konstitutiven Höhenunterschiedes. Dieser droht verkannt zu werden, „wenn man die Vergebung schlicht und einfach der Zirkularität der Gabe angleicht" (S. 737). Als Antwort auf dieses Problem dreht Ricœur die Sache gleichsam um, indem er der Gabe ein Maß zuweist, das derart extrem ist, dass gewöhnliche Akte der Freigebigkeit bei weitem nicht an es heranreichen. Womit haben wir es nun zu tun? „Mit dem radikalen Gebot, seine Feinde ohne Gegenleistung zu lieben. Allein dieses unmögliche Gebot scheint auf der Höhe des Geistes der Vergebung zu sein. Der Feind hat nicht um Vergebung gebeten: Wir müssen ihn so lieben, wie er ist." (Ebd.) An das *Gebot der Feindesliebe* knüpft sich die Idee einer Gabe, welche jede Hoffnung auf eine Gegenleistung hinter sich lässt. So lässt das Evangelium, durch das dieses Gebot überliefert wird, Jesus sprechen:

> Und wenn ihr denen leiht, von denen ihr wieder zu empfangen hofft, was für einen Dank habt ihr? Auch Sünder leihen Sündern, damit sie das gleiche wieder empfangen. Doch liebt eure Feinde, und tut Gutes, und leiht, ohne etwas wieder zu erhoffen! (Lk 6,34–35)

98 Mauss: *Die Gabe*, S. 103.

Durchbricht dieses Gebot, indem es sich gegen das Prinzip der Äquivalenz und im äußersten Falle selbst gegen die ‚goldene Regel' wendet (vgl. S. 737), damit aber nicht zugleich die Regel der Gegenseitigkeit? In einem ersten Schritt schon: gemäß der „hyperbolischen Rhetorik" (S. 738) des Evangeliums soll nur derjenige Akt des Gebens gerechtfertigt sein, der sich an einen Feind richtet, von dem man nichts zurückzuerhalten erwartet (vgl. ebd.). In einem zweiten Schritt stellt das Gebot das Band der Gegenseitigkeit jedoch wieder her. Denn Ricœur zufolge trifft es schlichtweg nicht zu, dass sich die im Geiste der Feindesliebe gegebene Gabe jenseits *aller* Erwartung zuträgt: „Man erwartet nämlich von der Liebe, daß sie den Feind in einen Freund verwandelt." (Ebd.) Diese Erwartung ist jedoch auf einer Ebene angesiedelt, die mit dem kommerziellen Tauschmodell nichts mehr gemeinsam hat.

Erst diese vollständige „Disjunktion zwischen dem nicht-kommerziellen und dem kommerziellen Austausch"[99] macht es Ricœur zufolge möglich, den Verdachtsmomenten zu begegnen, welche sich gegen Verhaltensweisen richten, die den Geist der Freigiebigkeit für sich beanspruchen. Ricœur denkt hier insbesondere an die kritische Beargwöhnung von Ehrenämtern, öffentlichen Kollekten und der Vergabe von Almosen; „ganz zu schweigen von den Angriffen, denen nicht-staatliche humanitäre Hilfsorganisationen heutzutage ausgesetzt sind." (S. 737–738) In *Das Rätsel der Vergangenheit* hat Ricœur die Argumente, die gegen solche Verhaltensweisen vorgebracht werden, in summarischer Form aufgelistet:

- geben zwingt dazu, die Gabe zu erwidern (*do ut des*, ich gebe, damit du gibst);
- geben schafft Ungleichheit, indem es den Geber in eine Position herablassender Überlegenheit bringt;
- geben bindet den Empfänger, den es in einen Schuldner verwandelt – einen, der Dank schuldet;
- geben erdrückt den Empfänger unter dem Gewicht einer Schuld, die ihn zahlungsunfähig macht.[100]

Wie Ricœur bemerkt, muss diese Kritik nicht notwendigerweise von Missgunst geleitet sein (vgl. S. 738). Gleichwohl ist den genannten Einwänden gemeinsam, dass sie allesamt ein hinter der Großzügigkeit verborgenes Interesse voraussetzen und sich „damit selbst in der

99 Ricœur: *Das Rätsel der Vergangenheit*, S. 150.
100 Ebd.

Sphäre der kommerziellen Güter [bewegen], die zwar ihre Berechtigung hat, aber eben innerhalb einer Ordnung, in der die Erwartung der Gegenseitigkeit die Form der Forderung nach Gerechtigkeit und nach monetarischer Äquivalenz annimmt.“[101] Das Gebot der Feindesliebe – die Ricœur als „das absolute Maß der Gabe“ (S. 738) bestimmt – beinhaltet jedoch eine Absage an die kalkulatorische, stets auf ihren eigenen Vorteil bedachte Vernunft. Die von dem Gebot der Feindesliebe getragene Gabe stellt eine „höhere Form des Tauschs“ (ebd.) in Aussicht, die sich qualitativ grundlegend von dem kommerziellen Tausch unterscheidet.

„Welchen Namen“, fragt Ricœur, „sollen wir dieser nicht-kommerziellen Form der Gabe geben?“ (S. 739) Da es nicht mehr um den Austausch zwischen Geben und Zurückgeben geht, sondern um einen Zyklus zwischen „Geben und reinem Empfangen“ (ebd.), schlägt er vor, von einem „*Austausch zwischen Nehmen und Geben, zwischen Geben und Nehmen*“ zu sprechen.[102] Damit dieser Austausch der Einseitigkeit einer Gabe ohne Gegenleistung jedoch tatsächlich ein Ende setzen kann, setzt er sowohl aufseiten des Gebenden als auch aufseiten des Empfangenden eine bestimmte Haltung voraus, die Ricœur mit dem im vorigen Abschnitt thematisierten „Prinzip der Nachsicht und Beachtung“ (S. 739) verknüpft. Ricœur bringt diese Haltung auf die Formel: „*Geben und dabei den Begünstigten ehren*“ (ebd.; Hervorhebung F. B.); denn was bei der immer noch der kommerziellen Ordnung verpflichteten Großzügigkeit potentiell verletzt wurde, war gerade die Würde desjenigen, der empfängt (vgl. ebd.). In dem von Ricœur avisierten Tauschmodell hingegen verbindet sich die Tugend des *Großmutes* (aufseiten des Gebenden) mit der Tugend der *Bescheidenheit* (aufseiten des Empfangenden)[103] zu einer Figur, welche es den Beteiligten ermöglicht, zu nehmen und zu geben, ohne dabei die Würde des Anderen aufs Spiel setzen zu

101 Ricœur: *Das Rätsel der Vergangenheit*, S. 151.

102 Ebd., S. 152.

103 Von diesen beiden Tugenden spricht Ricœur in *Das Rätsel der Vergangenheit*, wo von dem ‚Prinzip der Nachsicht und Beachtung‘ noch nicht die Rede ist. Das vollständige Zitat lautet wie folgt: „Was bei der noch von der kommerziellen Ordnung abhängigen Großzügigkeit potentiell beleidigt wurde, war die Würde des Nehmens. Man muß wirklich zu nehmen lernen. Das ist die Tugend der Bescheidenheit. Darüber hinaus muß man lernen, so zu geben, daß man dabei den Empfänger achtet. Das ist die Tugend des Großmutes.“ (Ebd., S. 152)

müssen: „Die Gegenseitigkeit von Geben und Empfangen beendet unter der Ägide ebendieser einzigartigen Figur der Nachsicht und Beachtung die horizontale Asymmetrie der Gabe ohne Gegengabeabsicht.“ (Ebd.)

Eine grundsätzliche Schwierigkeit jedoch bleibt; sie betrifft die Frage, ob das aus dieser Reihe von Korrekturen und Umformungen hervorgegangene Modell des Austauschs auch tatsächlich imstande ist, den vertikalen Abstand zwischen der Schuld und der Vergebung zu überbrücken. Wie steht es um die beiden Sprechakte des Schuldigen und des Opfers, wenn man sie diesem Modell entsprechend einander gegenüberstellt? Ricœur formuliert das Problem, das dabei auftritt, wie folgt: „Was versetzt die Partner in die Lage, in den Austausch von Schuldbekenntnis und Vergebung einzutreten?“ (Ebd.) Ihr gesamtes kritisches Potenzial entfaltet diese Frage, wenn man sich noch einmal die enormen Hindernisse vor Augen führt, welche den Zugang zum Schuldbekenntnis verstellen, sowie die nicht weniger großen Schwierigkeiten, die „an der Schwelle zum Wort der Vergebung“ (ebd.) auftauchen. Diese Schwierigkeiten verdichten sich zu einer Möglichkeit, welche die ganze Idee eines horizontalen Austauschs zwischen den beiden Sprechakten grundsätzlich in Frage stellt: „um Vergebung zu bitten bedeutet nämlich auch, darauf vorbereitet zu sein, eine negative Antwort zu erhalten: ‚Nein, ich kann nicht, ich kann nicht vergeben.‘“ (Ebd.)

Die Möglichkeit der Zurückweisung – dieses immer drohende „Nein, ich kann nicht…“ – muss nicht notwendig auf einem mangelnden Willen zur Vergebung beruhen, sondern gründet in einem Zusammenhang, der auf einer tieferliegenden Ebene angesiedelt werden muss und der die Behandlung der Vergebung als *Vermögen* grundlegend in Frage stellt. Ebendiese Möglichkeit ist auch der Grund dafür, weshalb Ricœur in *Das Rätsel der Vergangenheit* eine eindringliche Warnung ausspricht vor der „Anmaßung, das Verzeihen als ein *Können* handhaben zu wollen, ohne durch das Wagnis einer Bitte um Verzeihung und – schlimmer noch – einer Zurückweisung hindurchgegangen zu sein“[104]. Die Bitte um Vergebung zurückweisen heißt aber auch, den Austausch unterbrechen bzw. gar nicht erst in diesen Austausch eintreten.

104 Ebd., S. 147.

Davon unbeirrt, hält Ricœur jedoch an der dem ganzen Unternehmen zugrunde liegenden Überzeugung fest, „daß zwischen der Bitte um Vergebung und der gewährten Vergebung so etwas wie eine Korrelation besteht." (S. 731) In einem letzten Anlauf unternimmt er daher den Versuch, eine Replik auf den Einwand zu formulieren, der aus dem permanenten Risiko der Zurückweisung der Bitte des Schuldigen erwächst. Zu diesem Zweck ruft Ricœur noch einmal das von Marcel Mauss untersuchte Modell des Gabentauschs in Erinnerung, das auf der Verbindung der dreifachen Verpflichtung zu geben, zu empfangen und wieder zu geben beruht, wobei Mauss den Ursprung dieser Verbindung – worauf Ricœur zuvor bereits kurz hingewiesen hatte (vgl. S. 736) – der „beinahe magischen Kraft der getauschten Sache" selbst zuschreibt (S. 739). Analog dazu legt Ricœur nun den Gedanken nahe, dass auch im Falle der Vergebung eine „unsichtbare Kraft" am Werke sei, „die die beiden unsichtbaren Sprechakte des Bekenntnisses und der Vergebung verbindet" (S. 739–740).[105] Was die Quelle dieser im Verborgenen wirkenden Kraft betrifft, so lässt Ricœur keinen Zweifel daran, dass sie nirgends anders als in der Vergebung selbst zu finden sei:

> In Wahrheit überbrückt die Vergebung ein Intervall zwischen dem Hohen und dem Tiefen, zwischen der höchsten Höhe des Geists der Vergebung und dem Abgrund der Schuld. Diese Asymmetrie ist für die Gleichung der Vergebung konstitutiv. Sie begleitet uns wie ein Rätsel, mit dessen Ergründung man nie zu Ende kommt. (S. 740)

Diese vertikale Asymmetrie aber, so Ricœur weiter, löse die Verbindung zwischen den beiden Sprechakten nicht auf, sondern tendiere lediglich dazu, „die Gegenseitigkeit des Tauschs zu verschleiern" (ebd.). Was genau es mit dieser Verschleierung auf sich hat, das bleibt an dieser Stelle jedoch ebenso unsicher und offen wie die Fragen, die sich an die Hypothese jener „unsichtbaren Kraft" anschließen.

Ricœur muss das Unbefriedigende dieser Antwort gespürt haben, mit der er die Diskussion der Beziehung zwischen der Idee der Gabe und der Idee der Vergebung an dieser Stelle recht abrupt unterbricht und sich – „angesichts dieser Verlegenheiten" (S. 740), wie es in dem

105 Ricœur führt diesen Gedanken nicht weiter aus; möglicherweise sympathisiert er mit der Idee, dass der Bitte um Vergebung ein ähnliches transformatives Vermögen zukommt wie der Liebe, der er weiter oben ja das Äußerste zugetraut hatte: die Verwandlung des Feindes in einen Freund (vgl. S. 738).

überleitenden Satz heißt – einem längeren Exkurs zuwendet, der einer ausführlichen Besprechung der südafrikanischen *Truth and Reconciliation Commission* gewidmet ist (vgl. S. 740–743). Dieses historisch bisher einmalige „Experiment der Läuterung einer gewaltsamen Vergangenheit“ (S. 741) hatte ebenfalls mit einer Art Tausch zu tun: So wurde den Schuldigen eine individuelle Amnestie in Aussicht gestellt, die jedoch an die genau definierte Bedingung geknüpft war, öffentlich ein vollständiges und detailliertes Schuldbekenntnis abzulegen und dadurch zu der Aufklärung der vergangenen Verbrechen beizutragen.[106] Von der differenzierten Bilanz, die Ricœur über das Wirken der ‚Wahrheitskommission‘ erstellt – einem „Vorgang […], der nicht auf *Vergebung* zielte, sondern auf *Versöhnung* in ihrer explizit politischen Dimension“ (ebd.; Hervorhebung F. B.) –, möchte ich nur einen bestimmten Aspekt herausgreifen, und zwar denjenigen, der die Schwierigkeiten betrifft, die bei diesem Tausch in Erscheinung traten. Während Ricœur aufseiten der Opfer einen unbestrittenen „Gewinn in therapeutischer, moralischer und politischer Hinsicht“ (ebd.) feststellen kann, fällt sein Urteil aufseiten der Beschuldigten um einiges ambivalenter und widersprüchlicher aus:

> War das öffentliche Schuldbekenntnis nicht oft genug ein Strategem, um eine Amnestie zu erbitten und zu erlangen, die von aller juristischen Verfolgung und aller gerichtlichen Verurteilung befreit? Gestehen und bekennen, um nicht vor Gericht zu landen … Nicht auf die Fragen des Opfers antworten,

106 Was die historische Bedeutsamkeit der *Truth and Reconciliation Commission* betrifft, die von Januar 1996 bis Juli 1998 getagt und im Oktober 1998 einen umfassenden Bericht vorgelegt hat (vgl. S. 740), sei hier die Einschätzung von Sophie Pons wiedergegeben, aus deren Schrift *Apartheid. L'aveu et le pardon* (Paris: Bayard 2000) Ricœur ein längeres Zitat übernimmt: „Die größte Neuerung der Südafrikaner beruhte auf einem Prinzip, und zwar dem einer individuellen und an Bedingungen geknüpften Amnestie, im Unterschied zu den Generalamnestien, die unter dem Druck der Militärs den Ländern Lateinamerikas oktroyiert wurden. Es ging nicht darum, etwas zu tilgen, sondern darum, es ans Licht zu bringen, nicht darum, Verbrechen zu verdecken, sondern im Gegenteil darum, sie aufzudecken. Die früheren Verbrecher mußten sich am Prozeß der Neuschreibung der nationalen Geschichte beteiligen, um Vergebung zu erlangen: die Immunität muß verdient werden, sie impliziert die öffentliche Anerkennung der Schuld und die Annahme der neuen demokratischen Regeln. […] Seit uralten Zeiten heißt es, daß jedes Verbrechen Strafe verdient. Am südlichsten Ende des afrikanischen Kontinents hat ein Land auf Initiative eines ehemaligen politischen Gefangenen [*Nelson Mandela*] und unter Führung eines Kirchenmannes [*Bischof Desmond Tutu*] einen neuen Weg versucht, den der Vergebung für jene, die ihre Missetaten anerkennen.“ (S. 17–18; zit. n. Ricœur: *Gedächtnis, Geschichte, Vergessen*, S. 740, Anm. 38)

> aber die gesetzlichen Kriterien erfüllen, von denen die Amnestie abhängt … Das Schauspiel öffentlicher Reue bringt uns in Verlegenheit. Ihr öffentlicher Vollzug als einfache sprachliche Konvention diente notgedrungen häufig nur als Gelegenheit, bloße politische Amnestie zu erlangen. Exzesse zuzugeben, ohne im geringsten von der Überzeugung abzulassen, im Recht gewesen zu sein: das bedeutete, von den Spielregeln des Bekenntnisses sparsamsten Gebrauch zu machen. (S. 742)

Der instrumentelle Gebrauch, den viele Angeklagte von der Möglichkeit des Geständnisses machten, weist auf die strukturellen Grenzen hin, die jedem institutionellen „Versöhnungsprojekt" (ebd.) zwangsläufig gesetzt sind. Sicher haben die Geständnisse – wie die Arbeit der *Truth and Reconciliation Commission* im Allgemeinen – dazu beigetragen, die Wahrheit der Fakten in Erfahrung zu bringen; allzu oft geschah dies jedoch „um den Preis jener Wahrheit, die befreit" (ebd.). Ebendiese Verlegenheit führt Ricœur am Ende des Exkurses wieder zu demjenigen Punkt zurück, an dem sich die Untersuchung des Verhältnisses zwischen Geben und Vergeben geradewegs in einem Rätsel verloren hatte. Ricœur relativiert die Relevanz dieser Analyse nun denn auch ein Stück weit, indem er daran erinnert, dass sie ohnehin „nur eine Etappe auf jenem Weg [war], der sich von der Formulierung der Gleichung der Vergebung zu ihrer Auflösung auf der Ebene der verborgensten Selbstheit erstreckt." (S. 743) Notwendig war diese Etappe dennoch, so fährt Ricœur in der Bilanzierung seines eigenen Unternehmens fort, „um die Dimension der Andersheit bei einem Akt zum Vorschein zu bringen, der ganz grundsätzlich eine Relation ist." (Ebd.)

Der Preis, der für diesen Aufweis zu entrichten war, ist gleichwohl nicht gering. Vonseiten Derridas müsste sich Ricœur am Ende dieser Etappe wohl oder übel den Einwand gefallen lassen, das ‚Reinheitsgebot' der Vergebung verletzt und deren unbedingten Anspruch für einen unsicher bleibenden Tausch preisgegeben zu haben. Zwar konstruiert Ricœur sein Tauschmodell so, dass der Bezug zum oberen Pol der Vergebung – vermittelt durch das Gebot einer unbedingten, selbst dem Feind gewährten Liebe – erhalten bleibt, doch wird dieser Bezug gleichsam bis zum Zerreißen gespannt, da Ricœur die Koppelung der beiden Sprechakte – und das heißt eben auch: die *Bedingung* einer der Gewährung der Vergebung vorgeschalteten Bitte – bis zum Ende hin aufrecht erhält. Dementsprechend spricht Ricœur auf der letzten Seite der ‚Etappe des Tauschs' denn auch nur noch von einer „*scheinbaren* Inkommensurabilität zwischen der Unbedingtheit der Vergebung und der Bedingtheit der Bitte um Vergebung“ (S. 744; Hervorhebung F. B.), wobei er abschließend – in einer Formulierung, deren Redlichkeit sich gerade in ihrer wohldosierten Unschärfe ausdrückt – noch einmal seine Überzeugung zum Ausdruck bringt, dass „diese Kluft [zwischen der Unbedingtheit der Vergebung und der Bedingtheit der Bitte um Vergebung] *gewissermaßen* durch *eine Art* Tausch überwunden [wird], der die Polarität der Extreme wahrt“ (ebd.; Hervorhebung F. B.). Die Annahme einer nicht restlos aufzuklärenden Verbindung zwischen den beiden Sprechakten bleibt also bestehen, wobei Ricœur noch einmal unterstreicht, dass „diese beiden Sprechakte tun, was sie sagen: das Unrecht wird wirklich eingestanden, es wird wirklich vergeben.“ (Ebd.) Nun, so Ricœur weiter, „müssen wir noch verstehen, wie dies geschieht“ (ebd.). „Die Disproportion zwischen dem Wort der Vergebung und dem des Bekenntnisses kehrt in Form einer einzigen Frage zurück: Welche Kraft befähigt dazu, das Wort der Vergebung zu erbitten, es zu gewähren, es zu empfangen?“ (Ebd.)

3. Rückbesinnung auf sich selbst

Nach dem langen Weg durch die als Ordnungen der Anklage und des Austauschs bezeichneten Bezirke verlegt Ricœur seine Untersuchung wieder in den „Kern der Selbstheit“ (S. 745) zurück, an jenen Ort also, „an dem die Verbindung zwischen dem Handelnden und seiner Handlung hergestellt wird und der Handelnde seine Rechenschaftspflicht anerkennt.“ (S. 699–700) Dort wird das „Paradox der Vergebung“ freigelegt, bei dem es sich „um nichts weniger [handelt] als um die Macht des Geists der Vergebung, den Handelnden von seiner Handlung zu entbinden“ (S. 701). Die Frage, mit der Ricœur den „Rückbesinnung auf sich selbst“ überschriebenen Abschnitt einleitet, lässt aufhorchen: „Auf welches Vermögen“, fragt Ricœur, „auf welchen Mut kann man sich berufen, um schlicht und einfach um Vergebung zu bitten?“ (S. 745) Gegenüber der dreifachen Frage, mit der Ricœur den vorhergehenden Abschnitt beschlossen hat – „Welche Kraft befähigt dazu, das Wort der Vergebung [*erstens*] zu erbitten, es [*zweitens*] zu gewähren, es [*drittens*] zu empfangen?“ (S. 744) – stellt diese Frage eine Eingrenzung dar, die eine deutliche Fokussierung auf die Perspektive des Schuldigen verrät. Damit ist

zugleich die Richtung angezeigt, von der aus Ricœur sich der paradoxalen Auflösung der Gleichung der Vergebung annähert.
Die Frage, welches Vermögen den Schuldigen dazu befähigt, das Wagnis einer Bitte um Vergebung einzugehen, führt Ricœur davor jedoch zu Hannah Arendt. Arendt formuliert in der *Vita activa* eine Konzeption der Vergebung, die von einer Parallelität zwischen Vergeben und Versprechen ausgeht. Während sich das im Versprechen gegebene Wort bindend in die Zukunft richtet, entbindet das Wort der Vergebung von etwas Vergangenem. Arendt zufolge stellen das Vergeben und das Versprechen dezidiert menschliche Fähigkeiten dar, die es uns ermöglichen, den aus dem prozessualen Charakter des Handelns resultierenden Schwierigkeiten zu begegnen:

> Das Heilmittel gegen Unwiderruflichkeit – dagegen, daß man Getanes nicht rückgängig machen kann […] – liegt in der menschlichen Fähigkeit, zu verzeihen. Und das Heilmittel gegen Unabsehbarkeit – und damit gegen die chaotische Ungewißheit alles Zukünftigen – liegt in dem Vermögen, Versprechen zu geben und zu halten.[107]

Zwei Aspekte bzw. Fragen werden in der folgenden Auseinandersetzung mit der Position Hannah Arendts von besonderer Bedeutung sein: Erstens gilt es, mit Ricœur die „exakte Symmetrie von Vergeben und Versprechen in der Begrifflichkeit des Vermögens“ (S. 748) in Frage zu stellen, die Arendt ihrer Konzeption zugrunde legt. Zweitens wird es darum gehen, vorbereitend auf einige Überlegungen hinzuweisen, die es nahe legen, die Vergebung als eine *Gestalt des Neubeginns* zu figurieren. Die Meditation über die Natalität, in die Arendt ihre Überlegungen über das Verzeihen und das Versprechen einmünden lässt, wird sich dabei als der vielleicht größte Gewinn erweisen, den eine Reflexion über die Vergebung aus der Lektüre der *Vita activa* ziehen kann.

Vergebung und Versprechen

Die Ausführungen über das „Doppelvermögen, zu verzeihen und zu versprechen“[108] bilden den berühmt gewordenen Abschluss des fünften, dem Handeln gewidmeten Kapitels der *Vita activa*. Geleitet wird diese Untersuchung – die im amerikanischen Original 1958 unter dem Titel *The Human Condition* erschien – von der Frage nach

107 Arendt: *Vita activa*, S. 301.
108 Ebd., S. 303.

dem, „was wir tun, wenn wir tätig sind“[109]. Nicht der Philosophie, verstanden als einer theoretischen, auf die Erkenntnis der Natur und der letzten Dinge gerichteten Disziplin, gilt Arendts Interesse, sondern der Politik, wobei sie diese nicht auffasst als ein gesellschaftliches Feld neben und unter anderen, sondern als die Sphäre menschlichen Zusammenlebens und Handelns par excellence. Arendt geht in ihrer Analyse der *vita activa* (die zugleich der Versuch einer Rehabilitierung dieser Lebensweise gegenüber der in der nach hellenischen Tradition zunehmend favorisierten *vita contemplativa* ist)[110] von einer ternären Unterscheidung aus: *Arbeiten*, *Herstellen* und *Handeln* sind die drei in dem Begriff der *vita activa* zusammengefassten „Grundtätigkeiten“, denen Arendt jeweils bestimmte „Grundbedingungen“ des menschlichen Daseins zuordnet.

So entspricht die *Tätigkeit der Arbeit* „dem biologischen Prozeß des menschlichen Körpers, der in seinem spontanen Wachstum, Stoffwechsel und Verfall sich von Naturdingen nährt, welche die Arbeit erzeugt und zubereitet, um sie als die Lebensnotwendigkeiten dem lebendigen Organismus zuzuführen.“[111] Das Leben selbst also, verstanden in seiner biologisch-physiologischen Dimension, ist die Grundbedingung, unter der die Arbeit steht. Der *Tätigkeit des Herstellens*, welche eine „künstliche Welt von Dingen“ produziert, die aufgrund ihrer Materialität geeignet ist, ihre sterblichen Urheber zu überdauern, entspricht die Bedingung der „Weltlichkeit, nämlich die Angewiesenheit menschlicher Existenz auf Gegenständlichkeit und Objektivität.“[112] Die vor der Arbeit und dem Herstellen ausgezeichnete Betätigung aber ist das *Handeln*, „die einzige Tätigkeit der Vita activa, die sich ohne die Vermittlung von Materie, Material und Dingen direkt zwischen Menschen abspielt.“[113] Ihm entspricht als Grundbedingung das „Faktum der Pluralität, nämlich die Tatsache, daß nicht ein Mensch, sondern viele Menschen auf der Erde leben und die Welt bevölkern.“[114]

109 Ebd., S. 14.

110 Vgl. ebd., S. 22–32.

111 Ebd., S. 16.

112 Ebd.

113 Ebd., S. 17.

114 Ebd.

Auf den Aspekt der Pluralität legt Ricœur, der den Inhalt der *Vita activa* seinerseits knapp umreißt, besonderen Nachdruck: „Das Handeln entfaltet sich von Anfang an und in einem einzigen direkten Zug in einem Raum öffentlicher Sichtbarkeit, in dem es sein Netz, sein Geflecht an Beziehungen und Interaktionen aufspannt. [...] Die menschliche Pluralität ist ursprünglich." (S. 746) Im Hinblick auf die Problematik der Vergebung impliziert dies zweierlei (wobei die Position Ricœurs in beiden Punkten mit derjenigen Arendts übereinstimmt): zum einen die prinzipielle Zusammengehörigkeit von Handeln und Erleiden[115] und zum anderen den Umstand, dass das Vergeben und ebenso das Versprechen auf Erfahrungen zurückgehen, die, in den Worten Ricœurs, „niemand in der Einsamkeit machen kann und die voll und ganz in der Anwesenheit des Anderen gründen" (S. 747). Wie die Vergebung, so bedarf auch das Versprechen eines konkreten Gegenübers:

> Beide Fähigkeiten können sich somit überhaupt nur unter der Bedingung der Pluralität betätigen, der Anwesenheit von Anderen, die mit-sind und mit-handeln. Denn niemand kann sich selbst verzeihen, und niemand kann sich durch ein Versprechen gebunden fühlen, das er nur sich selbst gegeben hat.[116]

Mit dem Faktum der Pluralität hängt allerdings auch dasjenige zusammen, was Arendt als die „Zerbrechlichkeit der menschlichen Angelegenheiten" bezeichnet.[117] Diese Zerbrechlichkeit resultiert nicht allein daraus, dass die menschlichen Unternehmungen den Stempel des Vergänglichen tragen und, wie alle übrigen Dinge auch, dem destruktiven Einfluss der Zeit unterliegen, „der physischen Auslöschung der Spuren, dieser Förderung des definitiven Vergessens" (S. 747).[118] Die Fragilität des Sozialen hat vielmehr mit den spezifischen Formen der *Ungewissheit* zu tun, die das Handeln unter

115 Vgl. Arendt: *Vita activa*, S. 236–237: „Weil sich der Handelnde immer unter anderen, ebenfalls handelnden Menschen bewegt, ist er niemals nur ein Täter, sondern immer zugleich einer, der erduldet. *Handeln und Dulden gehören zusammen, das Dulden ist die Kehrseite des Handelns*; die Geschichte, die von einem Handeln in Bewegung gebracht wird, ist immer eine Geschichte der Taten und Leiden derer, die von ihr affiziert werden." (Hervorhebung F. B.)

116 Ebd., S. 302.

117 Vgl. ebd., § 26 „Die Zerbrechlichkeit menschlicher Angelegenheiten", S. 234–241.

118 „[V]ollständige Entropie würden wir in einer der Thermodynamik entlehnten Sprache sagen, Gang hin zum Zusammenbruch all dessen, was gewonnen und erreicht war." (Paul Ricœur: Erinnerung und Vergessen (1999). In: Ders.: *Vom Text zur Person*, S. 295–315, hier S. 305.)

der Bedingung der Pluralität bestimmen (vgl. ebd.). So geht Arendt davon aus, dass das Handeln, dort, wo es auf andere handlungsfähige Wesen trifft, „niemals nur Re-aktionen aus[löst], sondern eigenständiges Handeln hervor[ruft], das nun seinerseits andere Handelnde affiziert."[119] Da das Handeln keiner materiellen Vermittlung bedarf, kann sich der einer Handlung zugrunde liegende Impuls gleichsam ohne Reibungsverluste in das „Bezugsgewebe menschlicher Angelegenheiten"[120] einspeisen, wo er unzählige weitere Handlungen evoziert, die schon bald ein unüberschaubares Netz oder Geflecht ergeben. Arendt spricht in diesem Sinne auch von einer dem Handeln immanenten „Unbegrenztheit" oder „Maßlosigkeit", die aus seinem beziehungsstiftenden Charakter erwächst.[121] Daraus folgt, dass

> es kein auf einen bestimmten Kreis zu begrenzendes Agieren und Re-agieren [gibt], und selbst im beschränktesten Kreis gibt es keine Möglichkeit, ein Getanes wirklich zuverlässig auf die unmittelbar Betroffenen oder Gemeinten zu beschränken, etwa auf ein Ich und ein Du.[122]

Kurzum, niemand kann die Folgen einer von ihm verübten Handlung in ihrer Gesamtheit zuverlässig überblicken.[123] Aufgrund des Umstands, dass Taten gleichermaßen vollbracht und erlitten werden, dass sie andere Menschen betreffen und affizieren, wächst sich die epistemische Schwierigkeit, den Wirkungskreis und die Folgen einer Handlung zuverlässig zu bestimmen, zu einem eminent praktischen – und das heißt für Arendt: zu einem eminent politischen – Problem aus, da die Unabsehbarkeit der durch eine Handlung evozierten Prozesse das Vertrauen in den erwarteten Ablauf des Handelns unterminiert und die „Vertrauenswürdigkeit menschlichen Handelns" (S. 747) grundsätzlich in Frage stellt.

Zusätzlich verschärft wird dieses Problem dadurch, dass Handlungen nicht rückgängig gemacht werden können, was wiederum mit dem unumkehrbaren Charakter der physikalischen Zeit zusammenhängt. Was getan wurde, kann nicht mehr ungeschehen gemacht werden: „Unmögliches *undone*, wie Shakespeare in *Macbeth* sagt",

119 Arendt: *Vita activa*, S. 237.

120 Ebd., S. 222.

121 Vgl. ebd., S. 237.

122 Ebd.

123 Vgl. ebd., S. 239.

an den Ricœur in diesem Zusammenhang erinnert (vgl. S. 746, Anm. 42). Erneut begegnen wir hier der Irreversibilität, die Arendt, da ihr die Rede von „irreversiblen, nicht umkehrbaren Prozessen“[124] einen zu starken naturwissenschaftlichen Einschlag hat, terminologisch als „Unwiderruflichkeit“ fasst. Zerstört die Unabsehbarkeit das Vertrauen in den zukünftigen Verlauf der Handlung, so macht die Unwiderruflichkeit „den Wunsch nach souveräner Beherrschung der Folgen des Handelns zunichte“ (S. 747). Die Menschen, so resümiert Arendt, scheinen „schlechterdings unfähig, die Prozesse, die sie durch Handeln in die Welt loslassen, wieder rückgängig zu machen oder auch nur eine verläßliche Kontrolle über sie zu gewinnen.“[125]

Dies ist der Hintergrund, vor dem Hannah Arendt die beiden Vermögen zu verzeihen und zu versprechen ins Spiel bringt:

> Diese beiden Fähigkeiten gehören zusammen, insofern die eine sich auf die Vergangenheit bezieht und ein Geschehenes rückgängig macht, dessen ‚Sünde‘ sonst, dem Schwert des Damokles gleich, über jeder neuen Generation hängen und sie schließlich unter sich begraben müßte; während die andere ein Bevorstehendes wie einen Wegweiser in die Zukunft aufrichtet, in der ohne die bindenden Versprechen, welche wie Inseln der Sicherheit von den Menschen in das drohende Meer des Ungewissen geworfen werden, noch nicht einmal irgendeine Kontinuität menschlicher Beziehungen möglich wäre, von Beständigkeit und Treue ganz zu schweigen.[126]

Würde das Verzeihen den Knoten zwischen der Handlung und ihren Folgen nicht immer wieder durchtrennen, so argumentiert Arendt weiter, wären wir schon bald dermaßen heillos in die Geschichte und die Geschichten unserer Handlungen verstrickt,[127] dass sich „unsere Fähigkeit zu handeln gewissermaßen auf eine einzige Tat [beschränkte], deren Folgen uns bis an unser Lebensende im wahrsten Sinne des Wortes verfolgen würden, im Guten wie im Bösen“[128]. Umgekehrt gilt, dass wir ohne die Fähigkeit, uns durch ein Versprechen zu binden,

> niemals imstande [wären], die eigene Identität durchzuhalten; wir wären hilflos der Dunkelheit des menschlichen Herzens […] ausgeliefert, verirrt in

124 Arendt: *Vita activa*, S. 294.

125 Ebd., S. 296.

126 Ebd., S. 301–302.

127 Vgl. dazu auch Wilhelm Schapp: *In Geschichten verstrickt. Zum Sein von Mensch und Ding*. Frankfurt am Main: Klostermann 2004.

128 Arendt: *Vita activa*, S. 302.

> einem Labyrinth einsamer Stimmungen, aus dem wir nur erlöst werden können durch den Ruf der Mitwelt, die dadurch, daß sie uns auf die Versprechen festlegt, die wir gegeben haben und nun halten sollen, in unserer Identität bestätigt, bzw. diese Identität überhaupt erst konstituiert.[129]

Wie anhand der zitierten Passagen deutlich wird, werden das Vergeben und das Versprechen von Arendt durchgängig als ‚menschliche Fähigkeiten' angesprochen, als Können also, das uns prinzipiell verfügbar ist. Die außerordentliche Bedeutung, die sie dem Vergeben und dem Versprechen beimisst, ändert nichts daran, dass beide für sie auf der Ebene des Handelns bleiben: „Die Fähigkeiten, zu verzeihen und zu versprechen, sind in dem Vermögen des Handelns verwurzelt"[130], es sind „Möglichkeiten des Handelns selbst"[131]. Dieses Insistieren auf dem Handlungscharakter der Vergebung untermauert Arendt zudem durch eine Exegese von Evangelientexten, die für ihre Interpretation der Vergebung besonders günstig sind. Dem Evangelium zufolge, so Hannah Arendt, „soll der Mensch nicht vergeben, weil Gott vergibt und er gleicherweise handeln müsse, sondern umgekehrt: Gott vergibt ‚uns unsere Schuld, wie wir vergeben unseren Schuldigern'."[132] Im Zuge dieses exegetischen Exkurses, dessen erklärtes Ziel es ist nachzuweisen, „daß die Macht zu vergeben primär Sache der Menschen ist"[133], bringt Arendt eine Bemerkung an, die im Hinblick auf die Frage, ob das Vergeben als eine menschliche Fähigkeit anzusehen sei, von beträchtlicher Relevanz ist:

> Zweifellos bildet die Einsicht ‚Denn sie wissen nicht, was sie tun' den eigentlichen Grund dafür, daß Menschen einander vergeben sollen; aber gerade darum gilt auch diese Pflicht des Vergebens *nicht* für das Böse, von dem der Mensch im vorhinein weiß, und sie bezieht sich *keineswegs* auf den Verbrecher.[134]

Die Klippe des Unverzeihlichen – die konspirative Komplizenschaft zwischen der böswilligen Absicht und dem verbrecherischen Akt, der in vollem Bewusstsein seiner Unrechtmäßigkeit begangen wird – wird von Arendt durch diese Einschränkung auf geschickte Weise

129 Ebd.
130 Ebd.
131 Ebd., S. 301.
132 Ebd., S. 305.
133 Ebd., Anm. 80.
134 Ebd., S. 305–306; Hervorhebung F. B.

umschifft. Was die wirklich schwerwiegenden Verbrechen betrifft, so schließt sich Arendt der christlichen Meinung an, „daß sie in der Tat nur von Gott vergeben oder gerichtet werden können am Tage eines Jüngsten Gerichts“.[135]

Schließt Arendt damit aber nicht gerade denjenigen Bereich aus ihren Betrachtungen aus, in dem sich die, wie Derrida sagt, „schreckliche Frage des Wortes ‚Vergebung‘“[136] erst in ihrem vollen Gewicht stellt? Wenn das Vergeben gleichsam im Vorhinein vor dem Unverzeihlichen und der Erfahrung des Bösen kapituliert und sich lediglich auf „Verfehlungen“ bezieht, die sich als „alltägliche Vorkommnisse [...] aus der Natur des Handelns selbst ergeben“[137], dann stellt sich in der Tat die Frage, ob es sich bei dem, was Arendt als die „Macht zu verzeihen“[138] bezeichnet, nicht bloß um eine weitere Form der Nachsichtigkeit, um ein weiteres ‚Inkognito der Vergebung‘ handelt. Diese Nachsicht wäre zwar unerlässlich, insofern Arendt darin recht behält, dass „das menschliche Leben gar nicht weitergehen [könnte], wenn Menschen sich nicht ständig gegenseitig von den Folgen dessen befreien würden, was sie getan haben, ohne zu wissen, was sie tun“[139]; sie würde jedoch kaum dem Anspruch gerecht werden, der sich aus der Forderung einer ohne jede Einschränkung und Bedingung gewährten Vergebung ergibt.

Gegenüber der Position Ricœurs, der im ersten Abschnitt des Epilogs die Stimme der Vergebung als etwas von oben Kommendes beschrieben hatte, markiert die Position Hannah Arendts in jedem Fall – wie Ricœur selbst anmerkt – einen „bezeichnenden Unterschied“ (S. 747). Diese Differenz bezieht sich nicht darauf, das Vergeben und das Versprechen aufgrund ihres Zeitbezugs und der ihnen immanenten Dialektik von Binden und Entbinden aneinander zu koppeln, sondern allein auf die Möglichkeit, das Vergeben und das Versprechen in derselben Weise als ein menschliches Können zu handhaben. „Eben diese exakte Symmetrie von Vergeben und Versprechen in der Begrifflichkeit des Vermögens“ (S. 748) wird von Ricœur denn auch in Frage gestellt.

135 Arendt: *Vita activa*, S. 306.

136 Derrida: Jahrhundert der Vergebung, S. 18.

137 Arendt: *Vita activa*, S. 306.

138 Ebd., S. 300.

139 Ebd., S. 306.

Das Hauptargument, das Ricœur gegen die Annahme einer solchen Symmetrie ins Feld führt, besteht in dem Nachweis einer irreduziblen „Diskordanz zwischen den Operationsebenen der Vergebung und des Versprechens“ (S. 751). Während die Fähigkeit des Versprechens sich nämlich „seit jeher auch auf der politischen Ebene“ (S. 749) niedergeschlagen hat – man denke etwa an die Unverletzbarkeit von Verträgen und Abkommen, die im Austausch gegenseitiger Versprechen bestehen und die gleichsam als die zur Schrift geronnene Form des einander gegebenen Wortes angesehen werden können (vgl. ebd.) oder auch an das notorische Skandalon nicht gehaltener Wahlversprechen –, sperrt sich die Vergebung gegen eine solche Integration in den Bereich des Politischen. Einen Beweis dafür erkennt Ricœur in dem „bisweilen furchtbaren Scheitern aller Versuche, die Vergebung zu institutionalisieren.“ (S. 750) Unabhängig davon, ob es sich um die Institution der *Amnestie* handelt, die Ricœur zufolge allenfalls eine „Karikatur der Vergebung“ (ebd.)[140] abgibt, das als Relikt einer absolutistischen Ordnung bis heute erhalten gebliebene und in Deutschland etwa auf das Amt des Bundespräsidenten übergegangene *Begnadigungsrecht*[141] oder das in seinem ursprünglichen Impetus zweifellos ehrenhafte, in seiner Durchführung jedoch keineswegs unproblematische Projekt der südafrikanischen *Truth and Reconciliation Commission* (vgl. S. 740–743) – all diesen Versuchen haftet im Hinblick auf die Vergebung etwas zutiefst Fragwürdiges und Defizientes an. Dieser Befund – den Ricœur durch eine Reihe weiterer Argumente anreichert und stützt[142] – veranlasst

140 Ricœur diskutiert die Institution der Amnestie ausführlich in dem Abschnitt „Das befohlene Vergessen: die Amnestie“, vgl. S. 690–696. – Vgl. hierzu auch die sehr lesenswerte Studie von Christian Meier: *Das Gebot zu vergessen und die Unabweisbarkeit des Erinnerns. Vom öffentlichen Umgang mit schlimmer Vergangenheit.* München: Siedler 2010.

141 An der erregten Debatte, die 2007 in Deutschland um eine eventuelle Begnadigung des früheren RAF-Terroristen Christian Klar geführt worden ist, lässt sich gut ablesen, was Derrida als eine „Vermischung zwischen der Ordnung der Vergebung und der Ordnung der Justiz“ (Derrida: Jahrhundert der Vergebung, S. 13) bezeichnet hat. – Eine interessante, wenn auch streitbare Interpretation des Gnadenaktes findet sich auch bei Elias Canetti: *Masse und Macht.* Frankfurt am Main: Fischer 2006, S. 353–354.

142 Ricœur erinnert hier zum einen daran, „daß die Vergebung eine religiöse Aura besitzt, die das Versprechen nicht hat“ (S. 748–749); zum anderen weist er darauf hin, dass die Vergebung „durch ihre Beziehung zur Liebe dem Politischen fernsteht“ (S. 750); zum dritten ruft er die Deformationen und Zerrformen in

ihn zu einer Diagnose, die hinsichtlich der Möglichkeit, die Vergebung auf einer kollektiven politischen Ebene zu installieren, eindeutig negativ ausfällt: „*Es gibt keine Politik der Vergebung.*" (S. 751; Hervorhebung F. B.)[143]

Ob Hannah Arendt dies tatsächlich geahnt hat, wie Ricœur mutmaßt (vgl. ebd.), ist schwer zu entscheiden. Fest steht jedenfalls, dass ihr die Diskordanz zwischen den Operationsebenen der Vergebung und des Versprechens keineswegs verborgen geblieben ist. So weist Arendt selbst darauf hin, dass das Verzeihen „im Politischen niemals ernst genommen worden ist", wohingegen das Vermögen,

Erinnerung, welche aus den Bestrebungen der katholischen Kirche hervorgegangen sind, die Vergebung zu institutionalisieren (vgl. S. 750–751) – wobei Ricœur in diesem Zusammenhang nicht auf die zu Recht in Verruf geratene Institution des *Ablasshandels* verweist, sondern auf Dostojewskis Figur des Großinquisitors (Fjodor Dostojewski: *Die Brüder Karamasoff. Roman in vier Teilen mit einem Epilog*, aus d. Russ. v. E. K. Rahsin. Darmstadt: WBG 1968, S. 401–432 (Kap. „Der Großinquisitor")). Der alte Greis, der den gläubigen Massen im Austausch gegen ihre Unterwerfung ein ruhiges Gewissen und den Erlass aller Sünden anbietet, wird für Ricœur gleichsam zum Emblem für das schicksalhafte Scheitern, das allen Versuchen beschieden ist, die Vergebung in einer institutionalisierten Form verfügbar zu machen: „Sämtliche, selbst ehrenhafte Versuche, das Heil der Menschen auf Kosten ihrer Freiheit zu verwirklichen, müssen sich an der Elle der Legende vom Großinquisitor messen lassen." (S. 750–751.) – Auf die Erzählung vom Großinquisitor rekurriert auch Thomas Macho in seinem „Fragment über die Verzeihung", wobei seine Deutung, die insgesamt in eine ähnliche Richtung weist wie die Ricœurs, am Ende in eine bemerkenswerte Interpretation einmündet: „Bis in die Neuzeit hinein wurde die Sündenvergebung als A b l a ß gedacht: als Tugend der Passivität, die einem gleichwohl strengen und gerechten Gott zugeschrieben werden durfte. Die Gottheit verzeiht, indem sie von einer Verfolgung meiner Missetaten a b l ä ß t. Der kirchliche Ablaßhandel hat dieses Gnadenideal nachhaltig ruiniert: Indem er metaphysische und ökonomische Schulden zu Tauschäquivalenten bestimmte, hat er nämlich nicht nur dem System moderner Jurisdiktion (dem Prinzip der Geldstrafe) vorgearbeitet, sondern zugleich die Hoffnung auf Verzeihung ernüchtert, und die Erfahrungszentren der Großmut verwüstet. Die römische Kirche hat ohnehin nicht wenig zum Verzeihungsverlust der Moderne beigetragen; und als Meisterin des Verzichts hat sie sich schon gar nicht profiliert. Aufs düsterste wird diese Gnadenlosigkeit der Heilsinstitution in Dostojewskijs Erzählung von der Begegnung zwischen dem Nazarener und dem Großinquisitor veranschaulicht: *Der Greis möchte, daß Er etwas zu ihm sagt, sei es auch etwas Bitteres, Furchtbares. Aber Er nähert sich schweigend dem Greise und küßt ihn still auf die blutlosen neunzigjährigen Lippen. Das ist seine ganze Antwort.* – Eine paradoxe Geste der Verzeihung, von der Iwan Karamasow mutmaßt, sie brenne auf dem Herzen des Inquisitors, freilich ohne ihn zu überzeugen." (Macho: Fragment über die Verzeihung, S. 139–140.)

143 Dieselbe Diagnose stellt Derrida: „Man wird niemals – im gewöhnlichen Sinne des Wortes – eine Politik [...] auf Vergebung gründen können." (Derrida: Jahrhundert der Vergebung, S. 12)

Versprechen zu geben und zu halten, in der politischen Theorie und Praxis stets „eine außerordentliche Rolle“ gespielt habe.[144] „Seit den Römern jedenfalls“, so Arendt, „hat die Vertragstheorie im Zentrum politischen Denkens gestanden, was ja nichts anderes besagt, als daß man das Vermögen des Versprechens als die zentrale politische Fähigkeit ansah.“[145] Diese Privilegierung des Versprechens gegenüber dem Verzeihen führt Arendt darauf zurück, dass das Verzeihen „in einem religiösen Zusammenhang entdeckt und von ‚Liebe‘ abhängig gemacht wurde“.[146] Problematisch ist das zwischen der Vergebung und der Liebe bestehende Band für das Unternehmen der *Vita activa* insofern, als Arendt davon ausgeht, dass der Liebe – „in den äußerst seltenen Fällen, wo sie sich wirklich ereignet“[147] – eine Form der Weltlosigkeit eignet, die ihr einen dezidiert apolitischen, wenn nicht sogar antipolitischen Zug verleiht.[148] Der Bezug auf den Pol der Liebe lässt die Vergebung immer wieder aus dem Bereich des Politischen herausdriften, woraus Arendt den Schluss zieht, dass die Fähigkeit des Vergebens ganz außerhalb der Betrachtungen der *Vita activa* zu bleiben hätte, wenn es zuträfe, dass *ausschließlich* die Liebe der Verzeihung fähig sei.[149] Ihr zufolge „entspricht der Liebe, die nur in ihrem eigenen, eng umschriebenen Reich die Herrin ist, in dem weiteren Bereich menschlicher Angelegenheiten ein Bezug, den wir vielleicht am besten mit dem Wort ‚Respekt‘ umschreiben können.“[150] Dieser Bezug, den Arendt nach der Maßgabe der aristotelischen *philía politiké* bestimmt als „eine Art ‚politischer Freundschaft‘, die der Nähe und der Intimität nicht bedarf“, stellt ihr zufolge einen „hinreichenden Beweggrund“ zu vergeben dar.[151] Als funktionales Äquivalent zur Liebe wird der Respekt von Arendt also als eine Art Relais eingesetzt, welches den Übergang der Vergebung aus der Intimität des von-Angesicht-zu-Angesicht

144 Vgl. Arendt: *Vita activa*, S. 311.

145 Ebd.

146 Ebd.

147 Ebd., S. 309.

148 „Die Liebe“, schreibt Arendt, „ist ihrem Wesen nach nicht nur weltlos, sondern sogar weltzerstörend, und daher nicht nur apolitisch, sondern sogar antipolitisch – vermutlich die mächtigste aller antipolitischen Kräfte.“ (Ebd., S. 309–310.)

149 Vgl. ebd., S. 310.

150 Ebd.

151 Ebd.

in die Sphäre des Politischen gewährleisten soll, in der wir es immer auch mit dem Dritten – dem ‚fernen Anderen' oder ‚Jedermann' Ricœurs – zu tun haben. Wie Ricœur darlegt, vollzieht Arendt damit jedoch einen Sprung, welcher die grundlegende Inkommensurabilität zwischen der Vergebung und dem Politischen als einem Bereich gemeinsamen Handelns nicht aufhebt, sondern lediglich verdeckt (vgl. S. 751).

Den von Ricœur genannten Gründen, weshalb die Vergebung nicht – oder zumindest nicht restlos – in eine Begrifflichkeit des Vermögens übersetzt werden kann, möchte ich im Folgenden eine Reihe von Überlegungen hinzufügen, die sich um zwei Argumente herum gruppieren. Das erste Argument betrifft das eigentümliche *Moment der Passivität*, welches dem Vergeben eignet, und das zweite betrifft das Verhältnis zwischen *Vergebenwollen* und *Vergebenkönnen.*

Das erste Argument geht von folgender Beobachtung aus: Wenn wir in der Terminologie der *Vita activa* verbleiben und unbefangen danach fragen, was wir eigentlich ‚tun, wenn wir vergeben', worin also das ‚Tätigsein' des Vergebens besteht, so fällt auf, dass die Antworten auf diese Frage dahin tendieren, den Akt der Vergebung von dem her zu bestimmen, was er gerade *nicht* macht: Zürnen, Klagen, Beschuldigen, das Böse nachtragen, auf Vergeltung sinnen, Bestrafung einfordern etc. So betrachtet, besteht das Tätigsein der Vergebung gerade darin, bestimmte Tätigkeiten und Handlungsweisen zu *unterlassen.* In diesem Sinne kann Hannah Arendt auch davon sprechen, „daß wir außerstande sind zu verzeihen, wo uns nicht die Wahl gelassen ist, uns auch anders zu verhalten", wobei sie die Strafe als „die einzige echte Alternative des Vergebens" bestimmt.[152] Die Vergebung erscheint hier als eine ‚Option', die dadurch bestimmt wird, dass sie von einer anderen Option absieht: *Wer vergibt, der bestraft nicht.* Dasselbe gilt für die Rache, die Arendt als den „natürlichen Gegensatz der Verzeihung" bestimmt.[153] Das Vergeben impliziert einen Verzicht darauf, eine erlittene Verletzung mit einer Gegenverletzung zu vergelten; es durchbricht den Kreislauf von Unrecht und Kränkung, Zorn und Rache. Peter Sloterdijk beschreibt diesen Vorgang folgendermaßen:

152 Arendt: *Vita activa*, S. 307.
153 Vgl. ebd., S. 306.

> Das Opfer geht über seinen menschlich plausiblen und psychodynamisch legitimen Rachewunsch hinaus und gibt dem Täter die Freiheit zu einem anderen Anfang zurück. Wo dies geschieht, wird eine Nachtragekette, ein Rückzahlungsgeschäft unterbrochen. Dank seiner Anerkennung des unvermeidlichen Ungleichgewichts zwischen Schuld und Sühne findet auch der Geschädigte seine Freiheit wieder. Die Zeit nach der Vergebung kann so die Qualität eines bereicherten Neubeginns gewinnen.[154]

Wichtig an dieser Passage erscheinen zwei Aspekte: zum einen der Hinweis auf das für die Vergebung charakteristische Moment des Neubeginns (um das es im folgenden Abschnitt gehen wird), und zum anderen der Umstand, dass der Akt des Vergebens sich aufseiten des Geschädigten vor allem als eine Aufhebung des Rachestrebens manifestiert, als eine Überwindung des Wunsches, den Täter leiden zu sehen. Diese beiden Aspekte sind auch von Hannah Arendt deutlich gesehen worden. So heißt es in der *Vita activa*, dass „der Akt des Verzeihens in seiner Weise einen neuen Anfang dar[stellt]"; das Verzeihen könne „sowohl denjenigen befreien, der verzeiht, wie den, dem verziehen wird" – wobei diese Freiheit auch „die Befreiung von Rache" impliziert.[155] Vor diesem Hintergrund nimmt sich die Vergebung weniger als ein aktives Tun und Handeln aus, sondern weitaus eher als eine Geste der Unterlassung und des Verzichts, der ein im buchstäblichen Sinne ‚überwältigendes' Maß an Passivität eignet.

Deutlich hervorgehoben hat diesen Aspekt Thomas Macho, der in seinem *Fragment über die Verzeihung* das Verzeihen als ein „Lassenkönnen" beschreibt, wobei er keinen Zweifel daran lässt, dass der Akzent in diesem Kompositum auf dem ‚Lassen' und nicht auf dem ‚Können' liegt.[156] Macho zufolge unterhält die Verzeihung ein intimes Verhältnis mit dem Verzicht:

> Schon nach der Maßgabe der Etymologie hängen verzeihen und verzichten aufs engste zusammen: ich zeihe dich keiner Schuldigkeit mehr, ich bezichtige dich nicht. Also verzeihe ich dir, also verzichte ich auf Vorwurf und Anklageerhebung. Jede Verzeihung ist ursprünglich ein Verzicht: als Unterlassung der Vergeltung und jenes Schuldenausgleichs, den die Rachsucht anstrebt. *Verzeihung heißt die Handlung, welche einen Verzicht auf Handlungen zum Ausdruck bringt.*[157]

154 Sloterdijk: *Zorn und Zeit*, S. 53.

155 Arendt: *Vita activa*, S. 307.

156 Macho: Fragment über die Verzeihung, S. 139.

157 Ebd.; Hervorhebung F. B.

Der letzte Satz bringt den eigentümlich gespaltenen, hybriden Charakter der Vergebung treffend zum Ausdruck: denn einerseits trifft es zwar zu, dass die Vergebung, insofern sie einen Sprechakt darstellt, der tut, was er sagt, auch an der Ordnung des Handelns teilhat und sich entsprechend als Akt bzw. Handlung beschreiben lässt; auf der anderen Seite gibt es an der Vergebung jedoch etwas, das sich dagegen verwehrt, als ein souveränes Können konjugiert zu werden, was nichts anderes heißt, als dass die Vergebung nie vollständig in einer Semantik des Handelns aufgeht.

In diese Richtung zielt auch das zweite Argument: Im Unterschied zu anderen Akten versagt sich die Vergebung einer direkten Lenkung durch Motive und Intentionen. Das Vergeben fügt sich unserem Wollen – unseren Plänen, Motiven und Absichten – nicht in derselben Weise wie andere Handlungen. Wie aus dem Vorangegangenen erhellt, entzieht sich die Vergebung der Planbarkeit und jedem strategischen Kalkül – sei es nun politisch, therapeutisch oder sozial motiviert. Wenn es zutrifft, dass die Vergebung „nur in der Grammatik des Optativs" (S. 759) zum Ausdruck gebracht werden kann, als ein Wunsch, den der Schuldige und der Geschädigte günstigenfalls teilen, dann trifft nicht minder zu, dass zwischen der Artikulierung dieses Wunsches und seiner tatsächlichen Erfüllung ein Abstand liegt, der keineswegs identisch ist mit dem Abstand zwischen einer Handlung und dem Willen, welcher jene motiviert und durchherrscht.

Dieser Unterschied, dem im Übrigen auch die Differenz zwischen einer Eschatologie der Vergebung (Ricœur) und einer politischen Interpretation des Vergebens im Rahmen einer Theorie des Handelns (Arendt) entspricht, lässt sich anhand des folgenden Szenarios verdeutlichen: Stellen wir uns jemanden vor, der in der Vergangenheit Opfer eines Unrechts geworden ist, dem etwas Schlimmes angetan wurde; stellen wir uns weiterhin vor, dass diese Person im Zuge einer langen und intensiven Auseinandersetzung mit diesem Ereignis dahin kommt, die Vorgänge, Motive, Umstände und Bedingungen, die mit diesem Unrecht zusammenhängen, zu einer Erzählung zu konfigurieren, die sie in die Lage versetzt, den Hergang der Tat aus einer anderen als der eigenen Perspektive nachzuvollziehen, so dass die Beweggründe des Täters etwas von ihrer Undurchsichtigkeit verlieren. Obgleich dieses Szenario absichtlich so konstruiert wurde, dass die Zeichen für ein mögliches ‚Gelingen' der Vergebung möglichst günstig stehen, so folgt daraus keineswegs zwangsläufig, dass die geschädigte Person auch tatsächlich imstande ist, dem Schuldigen zu vergeben. Selbst wenn das Opfer sich bis zu einem Punkt durchgerungen hat, an dem es aufrichtig davon überzeugt ist, dass ein Akt der Vergebung die einzige Möglichkeit darstellt, sein Dasein in einer befreiten Weise weiterzuführen; selbst wenn es sich aufrichtig wünscht, vergeben zu können und vergeben will – so kann es dennoch sein, dass es ihm schlicht und einfach *nicht möglich* ist. Diese Unmöglichkeit ausschließlich psychologisch erklären zu wollen, hieße einen wesentlichen Zug der Vergebung zu verkennen. Dass jemand nicht in der Lage ist zu vergeben, lässt sich nicht auf eine individuelle Unfähigkeit, eine irgendwie defizitäre psychische Disposition oder einen Mangel an Erinnerungs-, Trauer- oder irgendeiner sonstigen Arbeit reduzieren – was freilich nicht heißt, dass diese ‚Faktoren' überhaupt keine Rolle spielen. Wenn sich die Vergebung gegen eine Vereinnahmung in den Bereich des Politischen sperrt, dann unter anderem auch deshalb, weil sie nicht in derselben Weise wie andere Handlungen als intentionaler Akt verfügbar ist; weil es schlichtweg nicht genügt, vergeben zu *wollen*, um auch vergeben zu *können*. Zwischen dem Wunsch zu vergeben und dem Ereignis, welches die Vergebung wirklich gewährt, tut sich ein scheinbar kaum zu überbrückender Abgrund auf, der uns erneut an die Rätselhaftigkeit der Vergebung gemahnt. „Muß man nicht akzeptieren", so kann man an dieser Stelle mit Derrida fragen,

> daß im Herzen oder in der Vernunft, […] wenn es ums „Vergeben" geht, etwas passiert, das jede Institution, jede Macht, jede politisch-rechtliche Instanz übersteigt? Man kann sich vorstellen, daß jemand, Opfer des Schlimmsten, bei sich selbst, bei den Seinen, in seiner Generation oder in der vorhergehenden Generation fordert, daß ihm Recht widerfährt, daß die Verbrecher vor ein Gericht gestellt werden, durch einen Gerichtshof verurteilt und verdammt werden – und dennoch in seinem Herzen vergibt.[158]

Dasselbe gilt für den umgekehrten Fall: „Man kann sich vorstellen und akzeptieren, daß jemand niemals vergibt, nicht einmal nach einer Prozedur der Schuldabtragung oder der Amnestie. Das Geheimnis dieser Erfahrung bleibt."[159] Wie auch immer die Konstellation beschaffen sein mag, in der sich der Ruf nach Vergebung

158 Derrida: Jahrhundert der Vergebung, S. 17.
159 Ebd.

erhebt: sie bleibt eine „Erprobung des Unmöglichen“[160]. Unmöglich, mit der Vergebung zu rechnen; unmöglich, ihr Eintreten vorauszusehen.

Dieses Moment der Unberechenbarkeit findet auch bei Arendt Berücksichtigung. Sie thematisiert es von dem der Vergebung entgegengesetzten Pol der Rache aus und nennt es in einem Atemzug mit dem Charakter des Neubeginns, welcher der Vergebung eignet:

> Im Unterschied zur Rache, die sich als eine natürlich-automatische Reaktion gegen Verfehlungen jeder Art einstellt und die [...] berechenbar ist, stellt der Akt des Verzeihens in seiner Weise einen neuen Anfang dar und bleibt als solcher unberechenbar. Verzeihen ist die einzige Reaktion, auf die man nicht gefaßt sein kann, die unerwartet ist, und die daher, wiewohl ein Reagieren, selber ein dem ursprünglichen Handeln ebenbürtiges Tun ist.[161]

Das Schwanken, das Arendt die Vergebung im selben Satz zugleich als eine schlechthin unvorhersehbare Reaktion und als ein autonomes Tun bezeichnen lässt, wird verständlich, wenn man diese Passage vor dem Hintergrund des Endes des fünften Kapitels der *Vita activa* liest. Arendt lässt ihre Überlegungen über „Die Unwiderruflichkeit des Getanen und die Macht zu verzeihen“ (§ 33) sowie über „Die Unabsehbarkeit der Taten und die Macht des Versprechens“ (§ 34) dort in eine *Meditation über die Natalität* übergehen, die einen „diskreten, doch entschiedenen Protest gegen die Heideggersche Philosophie des Seins zum Tode“ (S. 752) darstellt. So erinnert Arendt daran, „daß Menschen zwar sterben müssen, aber deshalb noch nicht geboren werden, um zu sterben, sondern im Gegenteil, um etwas Neues anzufangen“[162]. In diesem Sinne nehme sich „eine jede Tat [...] wie ein Wunder“[163] aus. Es ist dieses Wunderbare, schlechthin Unbegreifliche des Neuanfangs, das es Arendt gestattet, die Vergebung und das Handeln in einem einzigen großen Bogen zusammenzufassen und sie auf derselben Ebene gemeinsam unter das Zeichen der Natalität zu stellen:

> Daß es in dieser Welt eine durchaus diesseitige Fähigkeit gibt, ‚Wunder‘ zu vollbringen, und daß diese wunderwirkende Fähigkeit nichts anderes ist als das Handeln, dies hat Jesus von Nazareth [...] nicht nur gewußt, sondern

160 Derrida: Jahrhundert der Vergebung, S. 10.
161 Arendt: *Vita activa*, S. 306–307.
162 Ebd., S. 316.
163 Ebd.

> ausgesprochen, wenn er die Kraft zu verzeihen mit der Machtbefugnis dessen verglich, der Wunder vollbringt, wobei er beides auf die gleiche Stufe stellte und als Möglichkeiten verstand, die dem Menschen als einem diesseitigen Wesen zukommen.
> Das Wunder, das den Lauf der Welt und den Gang menschlicher Dinge immer wieder unterbricht und vor dem Verderben rettet, […] ist schließlich die Tatsache der Natalität, das Geborensein, welches die ontologische Voraussetzung dafür ist, daß es so etwas wie Handeln überhaupt geben kann. […] Das ‚Wunder' besteht darin, daß überhaupt Menschen geboren werden, und mit ihnen der Neuanfang, den sie handelnd verwirklichen können kraft ihres Geborenseins.[164]

Als Wunder stellt sich das Faktum der Natalität nun gerade insofern dar, als es der Sphäre unserer Vermögen in einer uneinholbaren Weise vorausliegt. Dies zeigt sich unter anderem daran, dass man vom Geborensein bzw. Geborenwerden nicht in derselben Weise wie vom Handeln als einem souveränen ‚Können' sprechen kann. Folgt man Ricœur in seiner Lektüre der *Vita activa*, so „[stellt] die Erwähnung des Wunders des Handelns am Ursprung des Wunders der Vergebung die ganze Analyse der Fähigkeit zu verzeihen ernsthaft in Frage." (S. 753) Ricœur zufolge fehlt der politischen Interpretation der Vergebung eine Reflexion über den Akt des Entbindens selbst (vgl. ebd.): „Mir scheint, daß Hannah Arendt an der Schwelle des Wunders stehenblieb, als sie die Geste am Verbindungspunkt zwischen der Handlung und ihren Folgen und nicht an dem zwischen dem Handelnden und der Handlung situierte." (Ebd.) In diese Richtung und über diese Schwelle hinweg gilt es die Untersuchung im Folgenden also zu führen.

164 Ebd., S. 316–317.

Entbindung und Neubeginn

> Aus dem Judentum kommt diese wunderbare Botschaft in die Welt, dass sich im Gewissensbiss – dem schmerzhaften Ausdruck für die radikale Ohnmacht, das Irreparable wieder in Ordnung zu bringen – die Reue ankündigt, welche zur Vergebung führt, die etwas wieder gutmacht. Der Mensch findet also in der Gegenwart etwas vor, womit er die Vergangenheit verändern, ja sogar auslöschen kann. Die Zeit verliert damit ihre Unumkehrbarkeit. Wie ein verletztes Tier bricht sie kraftlos zu Füßen des Menschen zusammen. Und befreit ihn.
>
> (Emmanuel Lévinas: *Einige Betrachtungen zur Philosophie des Hitlerismus*)

Um zu verdeutlichen, was in diesem finalen Akt – der Entbindung des Handelnden von seiner Handlung – auf dem Spiel steht, ruft Ricœur noch einmal die wichtigsten Stationen des Weges in Erinnerung, den die Reflexion über die Vergebung bis zu diesem Punkt genommen hat: Den Ausgangspunkt der gesamten Untersuchung bildete eine Analyse der am unteren Pol der Gleichung der Vergebung lokalisierten Schuld. Dort wurde der Sprechakt des Bekenntnisses identifiziert, durch den der Schuldige seine Schuld übernimmt und auf diese Weise eine Anklage interiorisiert, die nunmehr auf den Urheber hinter der Tat zielt: „Die Gesetzbücher mißbilligen Gesetzesübertretungen – die Gerichte aber bestrafen Personen." (S. 753) Diese Feststellung führte schließlich zu der – „als Provokation gedachten" (S. 754) – These Nikolai Hartmanns, die die Untrennbarkeit von Handlung und Handelndem postulierte. Von dieser These aus wurde auf den unverzeihlichen Charakter der schuldigen Selbstheit geschlossen und als Replik darauf das entgegengesetzte Extrem, die nach der Maßgabe Derridas erhobene „Forderung der unmöglichen Vergebung" (ebd.) formuliert. Durch die Kollision dieser beiden ungleichen Extreme herausgefordert, zielten alle weiteren Analysen darauf ab, den Raum zwischen der unverzeihlichen Schuld und der unmöglichen Vergebung auszumessen und nach möglichen Vermittlungen zwischen diesen beiden Polen zu suchen. Weder die innerhalb der institutionellen Ordnung identifizierten Schwundstufen der Vergebung, die Ricœur als Formen eines ‚Inkognitos der Vergebung' bezeichnet hat, noch der auf einer horizontalen Ebene angesiedelte Versuch, die Gleichung der Vergebung unter der Rubrik der Gabe als eine ungleiche Tauschbeziehung zu reformulieren, waren jedoch imstande, die Kluft zwischen dem Abgrund der Schuld und der Höhe der Vergebung vollständig zu schließen. Schließlich, so resümiert Ricœur,

> hängt alles von der Möglichkeit ab, den Handelnden von seiner Handlung zu entbinden. Diese Entbindung würde in die horizontale Disparität zwischen Vermögen und Handlung die vertikale Disparität zwischen der Höhe der Vergebung und dem Abgrund der Schuld einführen. *Der Schuldige, der in die Lage versetzt wird, noch einmal neu zu beginnen: das wäre die Figur dieser Entbindung, die allen anderen als Leitfigur diente.* (S. 754; Hervorhebung F. B.)

Dieser – von Ricœur überraschend spät identifizierten – Leitfigur kommt im Hinblick auf die Frage nach der zeitlichen Struktur der Vergebung eine zentrale Bedeutung zu: Sie impliziert, dass der Entbindungsakt einhergeht mit einen Bruch in der Zeit des Schuldigen, die fortan in zwei distinkte, qualitativ absolut heterogene Abschnitte zerfällt: eine ‚Zeit vor der Vergebung' und eine ‚Zeit nach der Vergebung', wobei letztere – um noch einmal die Formulierung Peter Sloterdijks aufzugreifen – „die Qualität eines bereicherten Neubeginns" gewinnt.[165] Dieser Neubeginn, der die Kontinuität der historischen Zeit gleichsam außer Kraft setzt, verleiht der Vergebung nahezu den Charakter eines Gründungsereignisses, das nicht von ungefähr an dasjenige Ereignis erinnert, welches man als die Entbindung par excellence bezeichnen könnte: die Gabe der Geburt, dieses nicht vereinbarte Geschenk eines neuen Lebens.[166] Obgleich Ricœur die Leitfigur dieser Entbindung erst spät benannt hat, haftet ihr nicht der Makel des nachträglich und künstlich Hinzugefügten an. Die futurische Ausrichtung, welche die ganze Analyse der Vergebung durch die Orientierung an der Idee des Neubeginns erhält, wird vielmehr bestätigt durch eine Reihe von sprachlichen Wendungen, in denen sich das Empfinden des schuldigen Subjekts in fast schon idiomatischer Weise artikuliert: *Oh, könnte ich doch nur die Zeit umdrehen … das Geschehene rückgängig machen … noch einmal von vorne beginnen!* In dem Wunsch des Schuldigen, noch einmal neu zu beginnen, finden diese Äußerungen ihre Mitte und ihr verborgenes *telos*.

165 Sloterdijk: *Zorn und Zeit*, S. 53.

166 Die Formulierung variiert eine Wendung Paul Ricœurs: „das Leben, dieses nicht vereinbarte Geschenk der Geburt" (Ricœur: Eine intellektuelle Autobiographie, S. 16).

„Diese Entbindung“, schreibt Ricœur, „bestimmt also alle anderen.“ (Ebd.)
Ist sie selbst jedoch möglich? Diese Frage verweist Ricœur – es wird das letzte Mal sein – auf Jacques Derrida, der ein Argument vorgebracht hat, das diese Möglichkeit in Zweifel zieht. Der Nerv von Derridas Argument besteht darin, dass der Schuldige, der seine Schuld anerkennt und um Vergebung bittet, „nicht mehr durch und durch Schuldiger ist, sondern schon ein anderer, und besser als der Schuldige. Nach dieser Maßgabe und unter dieser Bedingung ist es nicht mehr der *Schuldige als solcher*, dem vergeben wird.“[167] Den Schuldigen von seiner Tat zu trennen, das heißt die Tat zu verurteilen, während man dem Schuldigen vergibt, würde strenggenommen also bedeuten, dass man einem anderen Subjekt vergibt als demjenigen, welches die Tat begangen hat (vgl. S. 754). Was lässt sich gegen diesen Einwand vorbringen?
Meines Erachtens liegt dem Argument eine Auffassung der menschlichen Person zugrunde, die insofern problematisch ist, als sie die Möglichkeit zu bestreiten scheint, dass sich jemand in einer grundlegenden Weise verändern und dabei trotzdem dieselbe Person bleiben kann. Dass der Schuldige, der seine Tat bereut, ein anderer und ein besserer ist, als er zu dem Zeitpunkt war, an dem er die Tat begangen hat, steht außer Frage. Ob diese Differenz allerdings einen hinreichenden Grund dafür abgibt, die Identität der beiden in Frage stehenden Subjekte in einem anderen als bloß formalen Sinn aufzukündigen, scheint mir zweifelhaft. Indem der Schuldige seine Schuld übernimmt und um Vergebung bittet, stellt er ja gerade unter Beweis, dass zwischen demjenigen Subjekt, das gefehlt hat, und demjenigen Subjekt, das seine Verfehlung bereut, eine sowohl zeitliche als auch identitätsmäßige Kontinuität besteht – freilich nicht im formalistischen Sinne einer Identität des Gleichen, sondern im Sinne einer personalen Identität, die mit der Idee eines Selbst verbunden ist, das in der Lage ist, sich zwischen den beiden Polen der Permanenz und der Veränderung zu konstituieren, wobei ihm die Treue und das moralische Vermögen der Zurechenbarkeit dabei zu Hilfe kommen.[168] Wäre der Schuldige, der um Vergebung bittet, ein

167 Derrida: Jahrhundert der Vergebung, S. 11.

168 Für diese Form der personalen Identität hat Ricœur den Ausdruck ‚Selbstheit‘ bzw. ‚Ipseität‘ geprägt. Vgl. dazu Ricœur: Narrative Identität. In Ders.: *Vom Text*

ganz Anderer als der Schuldige, der das Unrecht begangen hat, wie es das Argument zu suggerieren scheint, so würde sich die Frage der Vergebung tatsächlich überhaupt nicht mehr stellen, da das in Frage stehende Subjekt ohnehin nicht mehr an seine vergangenen Handlungen gebunden wäre.

Das von Ricœur vorgebrachte Gegenargument zielt in eine andere Richtung. Als Antwort auf den von Derrida erhobenen Einwand schlägt er vor, nach einer Entkoppelung zu suchen,

> die radikaler ist als die im zitierten Argument selbst vorgeschlagene Entkoppelung zwischen einem ersten Subjekt, das das Unrecht begangen hat, und einem zweiten Subjekt, das bestraft wird: es ginge um eine Entkoppelung innerhalb des Handlungsvermögens[169] – der *agency* – selbst, das heißt eine Abkoppelung der Ausführung vom Vermögen, das durch erstere realisiert wird. (S. 754)

Am Ende des Abschnitts, der der Analyse der Schuld gewidmet war, ist die hier avisierte Entkoppelung bereits antizipiert worden[170]: wie schändlich und furchtbar auch immer die Tat des Schuldigen gewesen ist, hatte Ricœur dort gesagt – etwas am schuldigen Subjekt bleibt davon ausgenommen. Die Schuld mag noch so radikal sein; nie ist sie imstande, das schuldige Subjekt in seiner Totalität zu umfassen (vgl. S. 710). Ein nicht korrumpierter Rest, „eine Unschuld, die vielleicht nicht völlig verloren ist" (S. 710), bleibt. An diesen Rest, an dieses Vermögen, auch anders und besser zu sein als das, was man getan hat, wendet sich die Vergebung, indem sie den Handelnden von seiner Handlung entbindet. Sie trennt nicht die Handlung von ihren Folgen, sondern das Handlungsvermögen von seiner Ausführung. Letztere mag durch und durch schlecht und verurteilenswert sein, das Vermögen selbst jedoch ist es nicht. Ricœur erläutert diese Entbindung wie folgt:

> Diese interne Trennung bedeutet, daß sich die Fähigkeit des moralischen Subjekts zum Engagement nicht in ihren diversen Manifestation im Lauf der Welt erschöpft. Diese Trennung bringt einen Akt des Vertrauens zum Ausdruck, einen Kredit, der den Erneuerungsmöglichkeiten des Selbst eingeräumt wird. (S. 754–755)

zur Person, S. 209–225, insbesondere S. 209–211; ders.: Annäherungen an die Person; außerdem natürlich ders.: *Das Selbst als ein Anderer.*

169 Im französischen Original steht hier ein präpositionaler Ausdruck, dessen emphatischer Charakter in der deutschen Übersetzung nicht recht zum Ausdruck kommt: „*au cœur* de la puissance d'agir" (Ricœur: *La mémoire, l'histoire, l'oubli*, S. 638; Hervorhebung F. B.).

170 Siehe oben S. 38.

Die Metapher des Kredits, die Ricœur zur Kennzeichnung dieser Geste verwendet, kann in die Irre führen, wenn man die Gewährung dieses Kredits im Sinne der kommerziellen Ökonomie als eine Transaktion auffasst, die eine bestimmte Verpflichtung des Empfängers beinhaltet: diejenige nämlich, sich als ‚kreditwürdig' zu erweisen; unter Beweis zu stellen, dass man das empfangene Vertrauen ‚verdient' und in der Lage ist, es dem Geber in einer angemessenen Weise zurückzuerstatten. Tatsächlich handelt es sich bei diesem Akt des Vertrauens jedoch um einen Vorschuss, der auf die Ressourcen der Erneuerung und das innovatorische Potenzial der Güte spekuliert, ohne sie jemals explizit einfordern zu können. Die Charakterisierung dieser Entbindung liegt also auf einer Linie mit der Idee der Vergebung als einer freiwilligen Gabe, welche die von dem Äquivalenzprinzip regierte Sphäre der kommerziellen Ökonomie vollständig transzendiert.

Eine mögliche Erklärung für diesen äußersten Akt des Vertrauens erkennt Paul Ricœur in einem „Paradox", das er „im abrahamitischen Gedächtnis angelegt" findet (S. 755): „Es kommt in einer Koppelung zum Ausdruck, die auf einem Niveau an Innerlichkeit operiert, das keine der bisher erwähnten Koppelungen erreicht: die *Koppelung von Vergebung und Reue.*" (Ebd.; Hervorhebung F. B.) Bezogen auf die Gesamtkonzeption der Vergebung, handelt es sich bei dieser Koppelung *mutatis mutandis* um eine Entsprechung zu der von Ricœur angenommenen Verbindung zwischen den beiden Sprechakten „ich bitte dich um Vergebung" und „ich vergebe dir". In struktureller Hinsicht erscheint die Reue somit als ein Äquivalent zu der Bitte um Vergebung, insofern beide eine Bedingung darstellen, von der die Gewährung der Vergebung abhängig gemacht wird.[171] Während die Untersuchung der Korrelation zwischen den beiden Sprechakten jedoch aus einer Perspektive erfolgte, welche den in diesem Tauschverhältnis involvierten Akteuren gegenüber äußerlich blieb und sich einer Begrifflichkeit bediente, die an der Ökonomie der Gabe orientiert war, betont Ricœur nun, dass es sich bei der Koppelung von Vergebung und Reue „um etwas ganz anderes als eine Transaktion" (S. 755) handelt. Mit dem Paradox der Reue

171 Die Problematik, dass die Vergebung dadurch ihre absolute Bedingungslosigkeit einbüßt, bleibt also bestehen bzw. verlängert sich bis in dieses späte Stadium der Untersuchung hinein. Sie wird Gegenstand einer gesonderten Betrachtung sein, welche jedoch erst im Resümee erfolgen wird.

verbinde sich vielmehr „die Vorstellung eines Zirkels ganz eigener Art […], durch den die existentielle Antwort auf die Vergebung gewissermaßen in der Gabe selbst impliziert ist, während sich die Vorgängigkeit der Gabe in der eröffnenden Geste der Reue zu erkennen gibt." (S. 755)

Ricœur scheint hier den Gedanken nahezulegen, dass sich Reue und Vergebung gewissermaßen gegenseitig hervorrufen, ohne dass sich sagen ließe, welche von beiden am Anfang steht. Die ‚Pointe' dieser kreisförmigen Relation besteht also darin, dass Ricœur die Reue nicht vorrangig als einen Ausdruck der Schuld begreift, sondern als eine Regung, die bereits voll und ganz auf die Vergebung hin ausgerichtet ist. Umgekehrt scheint er der Vergebung zuzutrauen, dass sie die Kraft besitzt, die Reue im Schuldigen zu mobilisieren. In letzter Konsequenz würde diese kreisförmige Bewegung somit implizieren, dass sich die Vergebung in der Gestalt der Reue gewissermaßen selbst entgegenkommt.

Vollends den Charakter eines Paradoxons erhält diese zirkuläre Relation dadurch, dass die Reue – die eine Gestalt der Innerlichkeit ist – und die Vergebung – die den Schuldigen von außen trifft – sich in ihrer zeitlichen Struktur grundlegend voneinander unterscheiden. Während die Reue nämlich „in der Zeit geschieht, sei es nun plötzlich, wie in einigen spektakulären Konversionen, oder allmählich, im Laufe eines ganzen Lebens" (S. 755–756), stellt die Vergebung ein Ereignis dar, das den linearen Verlauf der Zeit durchbricht und diese in Richtung auf die Ewigkeit hin transzendiert: „wenn es Vergebung gibt, dann ‚bleibt sie', wie es in dem bereits zitierten Hohenlied der Liebe heißt, das ihre Größe feiert; wenn sie die Höhe selbst ist, erlaubt sie weder ein Vorher noch ein Nachher" (S. 755). Das Paradox wird also noch zusätzlich dadurch verstärkt, dass der Akt der Vergebung und die plötzlich oder allmählich auftretende Regung der Reue in zeitlicher Hinsicht mithin kaum zu koordinieren sind.

Wie das Unrecht und die Schuld, so schreibt sich auch die Reue in eine Zeit ein, deren wesentliches Kennzeichen ihre Unumkehrbarkeit ist. Kein Unrecht, das sich nicht datieren, dem sich nicht auf dem Zeitstrahl der Geschichte ein Platz zuordnen ließe, der ebenso definitiv ist wie das angerichtete Unheil irreversibel. Dasselbe gilt für die Reue. Auch wenn die Datierung hier schwerer fällt, da das Gefühl der Reue nach außen hin unsichtbar bleibt, so bleibt sie doch in dem Maße an die Zeit der Geschichte gebunden, in dem sie auf die Schuld folgt. Anders verhält es sich mit der Vergebung. Sie fügt sich nicht in die historische Zeit ein, sondern sprengt diese vielmehr auf und setzt deren Linearität punktuell außer Kraft. Als eine Geste der Entbindung und des Neubeginns gehört die Vergebung einer Zeitlichkeit an, die sich (mit einer Wendung von Lévinas) dadurch bestimmen ließe, dass in ihr „das Definitive nicht definitiv" ist.[172] Ricœur zufolge besteht das Paradox der Vergebung „gerade in der zirkulären Beziehung zwischen dem, was ewig ‚bleibt' [*also der Vergebung*], und dem, was jedesmal geschieht [*der Reue*]" (S. 756). Ob die Vergebung der Reue vorausgeht oder ob sie umgekehrt auf diese folgt, bleibt unentscheidbar. Ricœur belässt das Paradox denn auch in diesem seinem „anfänglichen Status" (ebd.), in dem es in so offenkundiger Weise an die Frage rührt nach dem Verhältnis zwischen der Vergebung und der Zeit. Anstatt die Untersuchung in diese Richtung weiter zu verfolgen, beschränkt er sich im Folgenden darauf darzulegen, „wie es [das Paradox] sich in die *conditio historica* einfügt: und zwar in den unterschiedlichen Formen der Entbindung, die das Verhältnis zwischen dem Handelnden und der Handlung betreffen." (Ebd.)

Um zu zeigen, dass die Figur dieser Entbindung „philosophisch keineswegs abwegig [ist]" (ebd.), skizziert Ricœur in groben Strichen eine philosophiegeschichtliche Linie, die von seiner Anthropologie des ‚fähigen Menschen' über eine sich auf die Aristotelische Metaphysik berufende „Fundamentalontologie von Akt und Vermögen" schließlich zu Kant führt, bei dem Ricœur seine wesentliche Stütze findet (vgl. S. 756). Ricœur bezieht sich hierbei vor allem auf Kants Abhandlung über das radikale Böse, die der Schrift *Die Religion innerhalb der Grenzen der bloßen Vernunft*[173] vorangestellt ist. Das zentrale Ergebnis, das Ricœur aus der Lektüre dieser Schrift zieht, fasst er in den folgenden Sätzen zusammen: „So radikal das Böse auch sein mag – und es ist als Maxime aller bösen Maximen durchaus radikal –, es ist nicht ursprünglich, heißt es dort. Radikal ist der ‚Hang'

172 Lévinas: *Totalität und Unendlichkeit*, S. 411.

173 Vgl. Immanuel Kant: *Die Religion innerhalb der Grenzen der bloßen Vernunft*, hrsg. v. Bettina Stangneth. Hamburg: Meiner 2003, S. 19–69 (Erstes Stück „Von der Einwohnung des bösen Prinzips neben dem Guten: oder über das radikale Böse in der menschlichen Natur").

zum Bösen, ursprünglich die ‚Anlage' zum Guten." (Ebd.) Kants Rede von der „Anlage zum Guten"[174] ist Ricœur zufolge „in Wirklichkeit ein teleologischer Diskurs, der die Anlage zur Animalität, die Anlage zur Rationalität und schließlich die Anlage zur Personalität in einer Reihe miteinander verbindet" und in der Behauptung zusammenfasst, dass „die ursprüngliche Anlage des Menschen [...] gut [ist]"[175] (S. 757). Ricœur kommt es nun vor allem darauf an, dass auf dieser ursprünglichen Anlage zum Guten die Möglichkeit ihrer ‚Wiederherstellung' beruht. In der *Allgemeinen Anmerkung*, die Kant unter diesen Titel gestellt hat – „Von der Wiederherstellung der ursprünglichen Anlage zum Guten in ihre Kraft"[176] –, verbirgt sich Ricœur zufolge nicht weniger als „das gesamte Projekt einer auf die Freilegung der grundsätzlichen Güte des Menschen konzentrierten Religionsphilosophie" (S. 758). Die „Triebfeder zum Guten", heißt es bei Kant, den Ricœur hier zitiert, „haben wir nie verlieren können, und wäre das letztere möglich, so würden wir sie auch nie wiedererwerben."[177]

Ricœur sieht diese Überzeugung zusätzlich bestätigt durch eine erneute Lektüre der alten Mythen, welche von dem transhistorischen Ursprung des Bösen erzählen (vgl. S. 757). Zwischen den Anfang der Genesis, die bekanntlich mit einer Schilderung der Entstehung der Welt und des ersten Menschen anhebt (1. Mose 1–2), und das Schlusskapitel des ersten Buches, das bemerkenswerterweise mit einem Kapitel endet, in dem Josef seinen Brüdern vergibt (1. Mose 50,15–26), schiebt sich die Erzählung vom *Sündenfall* und dessen Folgen (1. Mose 3). Aus der chronologischen Ordnung, in der der Mythos vom Sündenfall erzählt wird, erhellt sich ein Stück weit bereits seine Bedeutung. Die Signifikanz dieser Erzählung erkennt Ricœur nämlich gerade darin, dass sie „die radikale Kontingenz eines historischen Status [bewahrt], der unwiderruflich wurde, in seinem Eintreten aber keinesfalls schicksalhaft war." (S. 757) Das heißt, es gibt zwar eine faktische Präsenz des Bösen, das historisch immer schon da ist, aber diese Präsenz besitzt keine schicksalhafte Notwendigkeit. Einfach gesagt: es hätte nicht unbedingt so kommen

174 Vgl. ebd., S. 30–34 (Abschnitt I „Von der ursprünglichen Anlage zum Guten in der menschlichen Natur").

175 Ebd., S. 57.

176 Vgl. ebd., S. 57–69.

177 Ebd., S. 59.

müssen. Dieser Konjunktiv, der sich aus dem Vergleich zwischen dem kreatürlichen Status und dem historischen ergibt, „hält die Möglichkeit einer anderen Geschichte offen, die jeweils durch den Akt der Reue eröffnet und durch all die Einbrüche von Güte und Unschuld in den Lauf der Zeiten akzentuiert wird.“ (Ebd.) Es wäre dies eine Geschichte, in der das Unumkehrbare nicht unumkehrbar und das Nichtwiedergutzumachende wiedergutzumachen ist.

Indem die Vergebung den Handelnden von seiner Handlung entbindet, erhebt sie „Einspruch gegen die Unwiderruflichkeit“ des Geschehenen und „macht ein Wiedergutmachen möglich“.[178] Ob die Anlage zum Guten, auf der die Kantische Philosophie der *Religion innerhalb der Grenzen der bloßen Vernunft* aufbaut, tatsächlich „ein Echo auf diese der Obhut der Ursprungserzählung anvertraute existenzial-existentielle Möglichkeit [ist]“ (S. 758), wie Ricœur konstatiert, kann ich nicht angemessen beurteilen. Unzweifelhaft erscheint jedoch, dass diese Möglichkeit in angemessener Weise „nur in der Grammatik des Optativs“ zum Ausdruck gebracht werden kann (S. 759). Das konjunktivische Bedauern über ein vergangenes Unrecht, das ‚so nicht hätte kommen müssen‘, wäre also in einen *Wunsch* zu transformieren, der in der Reue über das Getane zugleich den Wunsch nach einem Neubeginn einschließt: *Oh, könnte ich doch nur die Zeit zurückdrehen und noch einmal von vorn, noch einmal neu beginnen!*

Dieser Wunsch muss die Bitte um Vergebung begleiten, wenn diese mehr sein soll als die bloße Reproduktion einer sprachlichen Konvention. Von diesem Wunsch getragen, „würde dem Schuldigen [unter dem Zeichen der Vergebung] die Möglichkeit zugestanden, zu etwas anderem als seinen Delikten und Verfehlungen fähig zu sein. Er selbst wäre seinem Handlungsvermögen und das Handeln wäre seiner Fortsetzbarkeit zurückgegeben.“ (Ebd.) Mit der Aufhebung der Schuld gewinnt der Schuldige sein Handlungsvermögen zurück. Entbindung und Neubeginn fallen in einer einzigen Geste, in einem einzigen befreienden Wort zusammen. „Die Formel dieses befreienden Worts würde, in aller Nüchternheit ausgesprochen, lauten: *Du bist besser als deine Taten*.“ (Ebd.; Hervorhebung F. B.)

178 Ricœur: *Wege der Anerkennung*, S. 170.

III. Resümee und Schlussfolgerungen: Schwierige Vergebung

Nach der Lektüre des Epilogs zu *Gedächtnis, Geschichte, Vergessen* soll im Folgenden der Versuch unternommen werden, die Untersuchung Ricœurs in ihrer Gesamtheit noch einmal aus einer größeren Distanz in den Blick zu nehmen. Ziel dieser abschließenden Bemerkungen ist es, die Resultate der Lektüre zusammenzutragen, sie einer abschließenden Diskussion zu unterziehen und die Überlegungen Ricœurs dabei verstärkt mit anderen Konzeptionen der Vergebung in Beziehung zu setzen.

Nimmt man den Epilog in seinem Gesamtzusammenhang in den Blick, so hat es den Anschein, als ob die *Schwierigkeiten*, auf die wir während der Lektüre gestoßen sind, weitaus eher geeignet sind, über das Problem der Vergebung Auskunft zu geben als diejenigen Punkte, die hinreichend geklärt werden konnten. In dieser Hinsicht sollte der Umstand, dass Ricœur davon absieht, seine Untersuchung als eine ‚Theorie der Vergebung' zu bezeichnen, ebenso hellhörig machen wie die Beobachtung, dass sich in dem gesamten Epilog kaum eine Aussage findet, die mit dem Anspruch einer definitorischen Feststellung auftritt. Weit davon entfernt, sich zu einer geschlossenen Theorie zusammenzufügen, bleibt Ricœurs Reflexion auf die Vergebung vielmehr geprägt durch eine charakteristische Spannung, deren Grad im Lauf der Untersuchung zwar schwankt und zum Ende hin abnimmt, die jedoch nie ganz zur Auflösung gebracht wird. An das Ende von *Gedächtnis, Geschichte, Vergessen* hat Ricœur das folgende Epigramm gestellt:

> Unter der Geschichte, das Gedächtnis und das Vergessen.
> Unter dem Gedächtnis und dem Vergessen, das Leben.
> Das Leben zu schreiben aber ist eine andere Geschichte.
> Unvollendetheit. (S. 777)

Das letzte Wort dieses Sinnspruchs – Unvollendetheit (*inachèvement*)[179] – korreliert in direkter Weise mit den einleitenden Bemerkungen, die dem Epilog „Schwierige Vergebung" vorangestellt sind und die hier noch einmal in Erinnerung gerufen werden sollen:

> Die Vergebung – wenn sie denn einen Sinn hat und wenn es sie überhaupt gibt – ist der gemeinsame Horizont des Gedächtnisses, der Geschichte und des Vergessens. Immer im Hintergrund entzieht sich der Horizont dem

179 Vgl. Ricœur: *La mémoire, l'histoire, l'oubli*, S. 657.

> Zugriff. […] Er prägt dem ganzen Unternehmen den Stempel des Unvollendeten [*le sceau de l'inachèvement*][180] auf. Denn es ist nicht nur schwierig, Vergebung zu gewähren und zu erlangen, ebenso schwierig ist es, sie begrifflich zu fassen. (S. 699)

Der Charakter der Unabgeschlossenheit resultiert also nicht aus einer analytischen Schwäche, sondern ergibt sich aus dem fragilen, rätselhaften Status der Vergebung selbst, die sich einer begrifflichen Vereinnahmung ebenso hartnäckig entzieht wie der Inanspruchnahme durch eine bestimmte Politik oder Praxis.

Dass Ricœur den Ton des Epilogs als den einer *Eschatologie* bestimmt (vgl. ebd.), fügt sich in diesen Zusammenhang ein. Durch die Wahl dieser Tonart macht Ricœur von vornherein deutlich, dass die Vergebung nichts ist, womit man ‚rechnen', was man berechenbar machen kann. Man darf auf Vergebung hoffen, man darf sie wünschen – einplanen oder voraussetzen kann man sie nicht. Die eschatologische Orientierung rückt Ricœurs Konzeption der Vergebung in die Nähe von Emmanuel Lévinas, der in seinem Werk *Totalität und Unendlichkeit* der Totalität des Seins und der Geschichte ein eschatologisches Denken entgegensetzt:

> Die Eschatologie setzt uns in Beziehung mit dem Sein *jenseits der Totalität* oder der Geschichte […] Sie ist Beziehung zu *einem Mehr, das immer außerhalb der Totalität ist*, als ob die objektive Totalität nicht das wahre Maß des Seins erfüllte, als ob ein anderer Begriff – der Begriff des *Unendlichen* – diese Transzendenz im Verhältnis zur Totalität ausdrücken müßte.[181]

Der Exteriorität der Vergebung trägt Ricœur dadurch Rechnung, dass er sie ankündigt als eine von oben kommende Stimme, die gleichsam aus dem Off heraus eine Botschaft verkündet, die auf der Bühne des Historischen nur wie aus unendlicher Entfernung zu hören ist: „Es gibt die Vergebung." (vgl. S. 712) Wenn es die Vergebung gibt, lautete die im Anschluss daran erhobene Frage, gibt es dann auch Vergebung für uns? (vgl. S. 715) Ein Großteil der Schwierigkeiten, die sich um die Vergebung herum gruppieren, ist in dieser Frage versammelt. Wie Derrida feststellt, „wird [es] sich, im Grunde genommen, immer darum handeln, zu wissen, ob die Vergebung eine *Möglichkeit* ist oder nicht, das heißt ein *Vermögen*, folglich ein souveränes ‚ich kann' und eine *menschliche* Macht oder nicht"[182].

180 Ricœur: *La mémoire, l'histoire, l'oubli*, S. 593.

181 Lévinas: *Totalität und Unendlichkeit*, S. 22.

182 Derrida: Jahrhundert der Vergebung, S. 12.

Die Antwort, die Ricœur auf diese Frage gibt, lässt sich nicht auf ein eindeutiges Ja oder Nein reduzieren. „Gerade aus dem *Schwebezustand des Verzeihens* zwischen grundsätzlicher Möglichkeit und den spezifischen Hindernissen resultiert dessen Unabgeschlossenheit", schreibt Stefan Orth mit Blick auf Ricœur, wobei er in der eschatologischen Einschränkung des Begriffs der Vergebung den Grund dafür erkennt, dass es für Ricœur „keinerlei Garantie eines ‚happy ends' geben kann."[183] Von daher der Rekurs auf den Modus des Optativs, den Modus des Wunsches, der sich in gleicher Entfernung vom Indikativ der Beschreibung und dem Imperativ der Vorschrift hält (vgl. S. 760). Nun gilt für den Wunsch nach Vergebung wie für jeden anderen Wunsch auch, dass seine Erfüllung eintreten oder ebensogut auch nicht eintreten kann (vgl. S. 761).

Die Schwierigkeit, zu einer abschließenden Antwort auf die Frage zu kommen, ob die Vergebung eine menschliche Möglichkeit ist oder nicht, erscheint sowohl im Hinblick auf die Vergebung als auch im Hinblick auf die Untersuchung Ricœurs konstitutiv, wobei sich letztere dadurch auszeichnet, dass sie diese Schwierigkeit nicht präventiv zu entschärfen sucht, sondern darum bemüht ist, sich ihr frontal zu stellen. Dies geht in gewisser Weise bereits aus dem Titel des Epilogs hervor – „Schwierige Vergebung" –, den Ricœur dahingehend präzisiert, dass schwierig „weder leicht noch unmöglich" (S. 699) bedeutet. Wollte man versuchen, die Konzeption Ricœurs in einer bündigen Formel zusammenzufassen, so böte sich dafür diese lapidar anmutende Wendung an.

Die Formel ‚weder leicht noch unmöglich' grenzt Ricœurs Überlegungen in zwei verschiedene Richtungen ab: einerseits gegen die Konzeption Hannah Arendts, die die Vergebung vollständig in einer Theorie des Handelns aufgehen lässt und das Verzeihen dementsprechend als eine dezidiert menschliche Macht apostrophiert; andererseits gegen die Überlegungen Derridas, der kein Geheimnis daraus macht, dass die Forderung nach einer absolut reinen und bedingungslosen Vergebung diese dazu verurteilt, ein „Wahnsinn

183 Stefan Orth: Zwischen Philosophie und Theologie: Das Verzeihen. In: Andris Breitling / Stefan Orth (Hrsg.): *Erinnerungsarbeit. Zu Paul Ricœurs Philosophie von Gedächtnis, Geschichte und Vergessen*. Berlin: BWV 2004, S. 223–236, hier S. 231–232; Hervorhebung F. B.

des Unmöglichen“ zu bleiben.[184] Ricœurs ‚Schwierige Vergebung‘ hält sich zwischen den Konzeptionen von Arendt und Derrida. Mit Arendt verbindet Ricœur die Idee, das Vergeben als eine Geste der Entbindung in den Blick zu nehmen. Mit Derrida kommt Ricœur darin überein, dass eine Vergebung, die dieses Namens würdig wäre, nicht umhin kann, sich am Prüfstein des Unverzeihbaren zu messen: „Die Vergebung wendet sich an das Unverzeihbare, oder sie ist nicht. Sie ist unbedingt, sie kennt keine Ausnahme oder Beschränkung.“ (S. 713) Diesem absoluten Anspruch wird Ricœur dadurch gerecht, dass er die Gleichung der Vergebung als eine vertikale Relation formuliert, in der „zwei extreme Unendlichkeiten“ (S. 713–714) aufeinandertreffen.

Wie wir gesehen haben, rückt Ricœur im Laufe seiner Untersuchung jedoch von der Forderung einer *absolut* bedingungslos gewährten Vergebung ab. Dies geschieht im Zuge seines Versuches, die Vergebung auf einer horizontalen Ebene als einen ungleichen Tausch zu formulieren, und zwar ausgehend von der Annahme, dass zwischen der Bitte um Vergebung (dem Sprechakt des Schuldigen) und der gewährten Vergebung (dem Sprechakt des Geschädigten) eine unsichtbare Verbindung besteht, die in der Lage ist, die Kluft zwischen der Tiefe der Schuld und der Höhe der Vergebung zu schließen. Dieser Versuch setzt implizit voraus, dass es akzeptabel und legitim wäre, dem Schuldigen zu vergeben, falls er nur darum bittet (vgl. S. 731). Diese Voraussetzung – das heißt die Annahme, dass es an dem Schuldigen ist, den Austausch zwischen den beiden Sprechakten zu eröffnen – kehrt am Ende des Epilogs in Gestalt der Frage wieder, „auf welchen Mut man sich berufen [kann], um schlicht und einfach um Vergebung *zu bitten*?“ (S. 745; Hervorhebung F. B.) Zwischen der Etappe des Tauschs und der abschließenden Formulierung des ringförmigen Konnexes von Vergebung und Reue besteht insofern also eine Kontinuität, als beide davon ausgehen, dass die Gewährung der Vergebung an bestimmte Vorgänge gebunden ist, die sich im Inneren des schuldigen Subjekts abspielen, Vorgänge, zu deren Kennzeichnung sich Begriffe wie Wandlung, Umkehr und Erneuerung aufdrängen. Problematisch erscheint diese Kontinuität insofern, als sie einige Verwirrung stiftet in der Frage, ob die Veränderung des Schuldigen bei Ricœur nun als eine

184 Derrida: Jahrhundert der Vergebung, S. 14.

vorgängige Bedingung oder als ein sekundärer Effekt der gewährten Vergebung erscheint. Das von Ricœur formulierte Paradox einer kreisförmigen Beziehung zwischen Vergebung und Reue legt in der Tat den Gedanken nahe, dass beides zugleich der Fall ist. Das Rätsel der Vergebung wäre somit das Rätsel eines Ereignisses, das *bedingt* und *unbedingt* zugleich ist, das die Reue und Wandlung des Schuldigen auf paradoxe Weise gleichermaßen voraussetzt und evoziert. Die Schwierigkeit der Vergebung – das, was sie weder leicht noch unmöglich macht – resultiert also daraus, dass sie in irreduzibler Weise zwischen den beiden Polen des Bedingten und des Unbedingten eingespannt ist.

> Welche Konsequenz soll man aus dieser Spannweite ziehen? Zumindest folgende, die die Dinge nicht vereinfacht: Wenn unsere Idee der Vergebung in sich zerfällt, sobald man sie ihres absoluten Bezugspols beraubt, das heißt ihrer absoluten Reinheit, so bleibt sie nichtsdestoweniger unzertrennlich von dem, was ihr heterogen ist, das heißt der Ordnung der Bedingungen, der Reue, der Wandlung, all der Dinge, die es ihr erlauben, sich in die Geschichte, das Recht, die Politik, selbst die Existenz einzuschreiben.[185]

Die kompromisslose Strenge, mit der Derrida immer wieder daran gemahnt, nicht zu vergessen, dass die ganze Rede vom Verzeihen sich auf „eine bestimmte Idee der reinen und bedingungslosen Vergebung bezieht, ohne die dieser Diskurs nicht den geringsten Sinn hätte“[186], prädestinierte ihn dazu, während der Lektüre des Epilogs in der Funktion eines Wächters aufzutreten, der immer dann auf den Plan gerufen wurde, wenn die absolute Unbedingtheit des Begriffs der Vergebung zur Disposition stand. Tatsächlich weiß Derrida sehr wohl, dass es unmöglich ist, die Vergebung in ihrem Stand der Reinheit zu belassen, wenn man will, dass sie zu einer konkreten Möglichkeit wird:

> Diese beiden Pole, das *Bedingungslose* und das *Bedingende*, sind einander absolut heterogen und müssen einander irreduzibel […] bleiben. Sie sind gleichwohl untrennbar: Wenn man will – und das ist notwendig –, daß die Vergebung wirkungsvoll, konkret, historisch wird, wenn man will, daß sie *ankommt*, daß sie stattfindet, indem sie die Dinge verändert, ist es notwendig, daß ihre Reinheit sich auf eine Reihe von Bedingungen […] einläßt. Genau zwischen diesen beiden *unversöhnlichen, aber unzertrennlichen* Polen gilt es, die Entscheidungen und die Verantwortlichkeiten zu treffen bzw. zu ergreifen.[187]

185 Ebd.
186 Ebd.
187 Ebd.

Ebendiese Verantwortung nimmt Ricœur auf sich. Weder geht er so weit, die Vergebung zu einer *Fähigkeit* zu erklären, über die wir frei und souverän verfügen können, noch beschränkt er sich darauf, die Vergebung im Zuständigkeitsbereich des Hymnus zu belassen, wobei es dann dem Interpreten anheimgestellt wäre, in die „Redeweise des Loblieds und der Feier" (S. 712) einzustimmen oder nicht.

Wenn jemand die „Schwelle zum Wort der Vergebung" (S. 739) tatsächlich überschreitet, in einer Situation von Angesicht zu Angesicht, so bleibt dieser ‚Akt' – denn um einen Akt, um eine Handlung muss es sich in diesem Fall handeln – doch außerordentlich und in jeder Hinsicht exzeptionell. Ricœurs Warnung vor der „Anmaßung, das Verzeihen als ein *Können* handhaben zu wollen, ohne durch das Wagnis einer Bitte um Verzeihung und – schlimmer noch – einer Zurückweisung hindurchgegangen zu sein"[188], verliert auch nach diesem Durchgang nicht an Gewicht. Im Gegenteil: Wenn es zutrifft, dass es sich bei dem Paradox der Vergebung „um nichts weniger [handelt] als um die Macht des Geists der Vergebung, den Handelnden von seiner Handlung zu entbinden" (S. 701), dann folgt daraus, dass diese Macht den Rahmen dessen, wozu Menschen im Allgemeinen fähig sind, bei weitem übersteigt. Zum einen deshalb, weil diese Entbindung ein Maß an Vertrauen erfordert, das den Bereich gewöhnlicher Vertrauensakte in einer Weise überdehnt, die nahezu ‚unmenschlich' erscheint, wenn man in Betracht zieht, dass das Erleiden extremen Unrechts häufig dazu führt, dass das Vertrauen in die ursprüngliche ‚Anlage zum Guten im Menschen' infolge der erlittenen Verletzungen nachhaltig beeinträchtigt, wenn nicht gar irreparabel zerstört wird.[189] Zum anderen deshalb, weil diese Entbindung

188 Ricœur: *Das Rätsel der Vergangenheit*, S. 147.

189 Die Berichte von Menschen, die furchtbares Unrecht erleiden mussten (Folter, Lagerhaft, extreme physische oder sexuelle Gewalt, um nur einige wenige Beispiele aus einer unendlich langen Liste zu nennen), legen regelmäßig Zeugnis ab von dieser Zerstörung der Fähigkeit zu vertrauen. „Wer der Folter erlag", schreibt etwa Jean Améry (der dabei auf seine eigenen Erfahrungen in dem NS-Lager Breendonk Bezug nimmt), „kann nicht mehr heimisch werden in der Welt. Die Schmach der Vernichtung läßt sich nicht austilgen. Das […] in der Tortur eingestürzte Weltvertrauen wird nicht wiedergewonnen. Daß der Mitmensch als Gegenmensch erfahren wurde, bleibt als gestauter Schrecken im Gefolterten liegen: Darüber blickt keiner hinaus in eine Welt, in der das Prinzip Hoffnung herrscht." (Améry: Die Tortur, S. 73, vgl. in diesem Zusammenhang auch ebd., S. 55–58.)

in etwas eingreift, worauf wir als Menschen normalerweise keinen Einfluss haben: die *Unumkehrbarkeit der Zeit*, die es unmöglich macht, etwas, das einmal geschehen ist, wieder rückgängig zu machen. Nimmt man das Paradox der Entbindung des Handelnden von seiner Handlung beim Wort, so impliziert es tatsächlich eine Art Rückgang in der Zeit, eine Bewegung, die den gewöhnlichen Lauf der Zeit suspendiert. „Das Paradox der Vergebung", schreibt Emmanuel Lévinas,

> beruht auf der Wirkung nach rückwärts, und *vom Standpunkt der gewöhnlichen Zeit aus stellt die Vergebung eine Umkehr der natürlichen Ordnung der Dinge dar, die Umkehrbarkeit der Zeit.* Die Umkehrbarkeit der Zeit hat mehrere Aspekte. Die Vergebung bezieht sich auf den verflossenen Augenblick, sie gestattet dem Subjekt, das in einem verflossenen Augenblick gefehlt hat, so zu sein, als ob der Augenblick nicht verflossen wäre, so zu sein, als ob das Subjekt nicht gefehlt hätte.[190]

Zu behaupten, der Mensch sei schlechterdings ‚fähig' zu vergeben, würde in letzter Instanz bedeuten, ihm das Vermögen zuzuschreiben, sich über die natürliche Ordnung der Zeit hinwegsetzen und die Vergangenheit nach Belieben ändern zu können. Das jedoch ist kaum der Fall. Es gibt die Vergebung, gewiss. Es gibt sie selbst dort, wo es Unverzeihbares gibt. Dass es auch in Extremfällen dazu kommen kann, dass das Opfer dem Schuldigen vergibt, rechtfertigt es jedoch noch nicht, der Vergebung den Status einer Fähigkeit oder eines souveränen Könnens zu verleihen. Als zentrales Resultat kann also festgehalten werden, dass die Vergebung nicht in den Katalog derjenigen Vermögen aufgenommen werden kann, die das Porträt des ‚fähigen Menschen' ergeben. Wenn die Vergebung keine Fähigkeit darstellt, was ist sie dann? Wo lässt sie sich verorten?

Da sich die ‚schwierige Vergebung' weder auf ihren Handlungsaspekt (den Sprechakt, der tut, was er sagt) noch auf ihre Bezeugung im Hymnus („es gibt die Vergebung") reduzieren lässt, würde ich vorschlagen, sie *auf halbem Wege zwischen Handlung und Geschehen* anzusiedeln.[191] Wer vergibt, ‚tut' etwas; zugleich ‚geschieht' dabei jedoch

190 Lévinas: *Totalität und Unendlichkeit*, S. 413; Hervorhebung F. B.

191 Die Verwendung dieser beiden Ausdrücke verbindet sich mit keinem bestimmten terminologischen Anspruch, sondern lehnt sich an den gewöhnlichen alltagssprachlichen Gebrauch an. Der Bereich der ‚Handlung' wäre dementsprechend der Bereich desjenigen, was wir tun können, was in unserer Macht liegt, was von uns abhängt; Fahrrad fahren zum Beispiel, gemeinsam ein Konzert aufführen, Kaffee kochen. Unter ‚Geschehen' wäre hingegen dasjenige zu verstehen, was ohne unser

etwas, das über die Sphäre dessen, wozu wir fähig sind, hinausgeht. Insofern die Vergebung im Austausch zweier Sprechakte besteht, hat sie an der Ordnung des Handelns teil. Als ein Geschehen stellt sie sich insofern dar, als sie sich unserer Verfügbarkeit entzieht und es zu ihren wesentlichen Eigenschaften gehört, weder planbar noch vorhersehbar zu sein.

Abschließend möchte ich auf einen Punkt hinweisen, in dem sich die Reflexion Ricœurs meines Erachtens als ergänzungsbedürftig erweist. Dieser Punkt hängt damit zusammen, dass Ricœur sich der Frage der Vergebung aus einer Richtung annähert, die die Person des Schuldigen weitaus stärker in das Blickfeld rückt als die Person des Opfers. Implizit enthalten ist diese *Privilegierung der Perspektive des Schuldigen* bereits in der Fragestellung, von der der Epilog seinen Ausgang genommen hat:

> Einerseits geht es um das Rätsel einer Schuld, die das Handlungsvermögen des „fähigen Menschen" (*homme capable*) lähmt, der wir sind; andererseits geht es […] um die mögliche Aufhebung dieser existentiellen Unfähigkeit, die der Ausdruck „Vergebung" bezeichnet. (S. 699)

Die Frage der Vergebung kündigt sich an als die Aufhebung eines Zustands, der ausschließlich nach Maßgabe des Schuldigen bestimmt wird. Die Akzentuierung der Schuld als negative Affektion, die auf das Handlungsvermögen des Schuldigen zurückwirkt und diesen selbst in Mitleidenschaft zieht, gewinnt dabei in dem Maße an Plausibilität, in dem man die Erfahrung der Schuld vor der Folie des moralisch Bösen in den Blick nimmt und sich demjenigen Punkt annähert, an dem die Phänomenologie der Schuld in eine Hermeneutik der Mythen übergeht:

> Durch die Anschuldigung eines verantwortlichen Täters hebt sich von einem dunklen Hintergrund hell erleuchtet die Sphäre der Erfahrung von Schuld ab. In ihrem Innersten verbirgt sich das Gefühl, von höheren Mächten verführt worden zu sein – die der Mythos unschwer dämonisieren kann. Wenn er dies tut, macht er nichts anderes als dass er dem Gefühl Ausdruck gibt, in eine Geschichte des Bösen einbezogen zu sein, das schon längst vor ihm begonnen hat. *Die deutlichste Auswirkung dieser seltsamen Erfahrung von Passivität im Herzen des Unrechttuns ist, dass der Mensch sich gerade in seinem Schuldigsein als Opfer fühlt.*[192]

Zutun passiert und worauf wir keinen Einfluss haben; wenn es regnet oder schneit, wenn ein Blitz in einen Baum fährt, dann ‚geschieht' etwas, das keine Handlung ist.

192 Paul Ricœur: *Das Böse. Eine Herausforderung für Philosophie und Theologie*, aus d. Franz. v. Laurent Kassels, überarb. v. Anna Stüssi. Zürich: Theologischer Verlag 2006, S. 19–20; Hervorhebung F. B.

Die damit einhergehende Gefahr einer „Verwischung der Grenze zwischen Schuldigem und Opfer“[193] wird von Ricœur zwar dadurch gebannt, dass er die Schuld in den Bereich der Zurechenbarkeit einschließt. Davon unangetastet bleibt jedoch der Umstand, dass die Freilegung des verschütteten Handlungsvermögens des *Schuldigen* den bestimmenden Vektor darstellt, der die Überlegungen Ricœurs in durchgängiger Weise strukturiert. Es ist der Schuldige, dem am Ende die Möglichkeit zugestanden wird, neu zu beginnen. Problematisch erscheint diese Zugangsweise insofern, als sie mitunter Gefahr läuft, mit einer *Unterbelichtung der Perspektive des Opfers* einherzugehen. Dass Ricœur den von seiner Handlung zu entbindenden Schuldigen in den Rang einer „Leitfigur“ erhebt (vgl. S. 754), steht in einem gewissen Konflikt mit der (von Ricœur selbst formulierten) Maxime, dass unter denjenigen, „denen wir etwas schuldig sind, die Opfer moralische Priorität [besitzen]“ (S. 143). Müsste in diesem Zusammenhang nicht stärker in Betracht gezogen werden, dass die Vergebung nicht nur denjenigen befreien kann, dem vergeben wird, sondern auch denjenigen, der vergibt?

Der Leitfigur des Schuldigen wäre also eine zweite Figur zur Seite zu stellen: die des Opfers, das vor jeder Institution und jedem Dritten legitimiert ist, Vergebung zu gewähren oder sie zu verweigern.[194] Dementsprechend wäre die Reflexion auf die Vergebung zu ergänzen durch eine Reflexion, die der subjektiven Verfassung des Opfers in einer umfassenderen Weise Rechnung trägt, wobei diese ihren Ausgang nehmen könnte von der Frage, wie sich die Polarität von Schuld und Vergebung darstellt, wenn man sie in Beziehung setzt zu der Polarität von *Handeln und Erleiden*. Obgleich Ricœur an einer möglichst umfassenden Exposition der Frage der Vergebung gelegen ist, weist seine Konzeption an diesem Punkt eine Art blinden Fleck auf, was umso irritierender ist, als die Untrennbarkeit von Handeln und Erleiden einen festen Topos im Denken Ricœurs darstellt:

> Aufgrund seiner (dialogischen) Beziehungsstruktur findet das Böse, das der eine begeht, seine Entsprechung im Bösen, das der andere erleidet. Hier,

193 Ebd., S. 20.

194 Vgl. Derrida: Jahrhundert der Vergebung, S. 14: „Wenn jemand irgendeinen Rechtsanspruch hat, um zu vergeben, dann ist es allein das Opfer und nicht eine dritte Instanz.“

> an diesem entscheidenden Schnittpunkt ertönt der Klageschrei am lautesten: Wenn sich der Mensch als Opfer der Boshaftigkeit des Menschen erlebt.[195]

Dieser Schnittpunkt markiert zugleich die Stelle, an der sich – als Replik auf ein Unrecht, das gleichermaßen begangen wie *erlitten* wurde – der Ruf nach Vergebung erhebt. Wie stellt sich die Frage nach der Vergebung also dar, wenn man sie stärker aus der Perspektive desjenigen in den Blick nimmt, der sich als passives Opfer eines irreversiblen Unrechts erfährt? Gibt es möglicherweise einen Punkt, an dem sich der Schuldige und das Opfer treffen, noch *bevor* sie in den Austausch der beiden Sprechakte eintreten, also noch bevor der Schuldige überhaupt um Vergebung gebeten und der Geschädigte die Möglichkeit – oder Unmöglichkeit – zu vergeben überhaupt ins Auge gefasst hat? Auf den ersten Blick scheint diese Frage von der Vergebung wegzuführen. Gleichwohl möchte ich mit ihr den nachfolgenden Ausblick eröffnen. Wie wir sehen werden, bahnt diese Frage einen Weg, auf dem wir erneut auf die Beziehung zwischen der Vergebung und der Zeit stoßen. Eine Beziehung, die die vorliegende Reflexion zwar nicht dominiert, aber doch wie ein unsichtbarer Schatten begleitet hat, auch wenn wir uns nur von Zeit zu Zeit nach ihm umgedreht haben: angefangen von der Feststellung der Unwiderruflichkeit des Akts des Vergebens über die Analyse des Begriffs der Unverjährbarkeit bis hin zu den Überlegungen, die es uns erlaubt haben, die Vergebung als eine Figur des Neubeginns zu fassen.

195 Ricœur: *Das Böse*, S. 18–19, vgl. auch ebd., S. 54: „Alles Böse, vom einen begangen, wird […] vom anderen erlittenes Böses. Böses tun heisst den anderen leiden machen. Die Gewalt stellt die Einheit zwischen moralisch Bösem und Leiden immer wieder neu her."

Ausblick: Vergebung und Zeit

Greifen wir also die letztgenannte Frage noch einmal auf: Gibt es jenseits des Austauschs zwischen den beiden Sprechakten „ich bitte dich um Vergebung“ und „ich vergebe dir“ möglicherweise einen Punkt, an dem sich der Schuldige und das Opfer treffen? Einen Punkt, an dem zwischen dem, was sie sich jeweils wünschen, möglicherweise ein geheimes Einvernehmen besteht?
Es ist wichtig, sich den Hintergrund klar zu machen, vor dem sich diese Frage stellt. Denken wir uns dazu einen konkreten Einzelfall, in dem jemandem etwas Schlimmes angetan wird. Was der Täter und das Opfer währenddessen erleben, was der eine tut und was der andere erleidet, ist absolut heterogen. Derjenige, der auf einen anderen einprügelt, derjenige, der eine Person vergewaltigt, erfährt und empfindet dabei etwas komplett anderes als die Person, die verprügelt oder vergewaltigt wird. Die Tatsache, dass die Sprache es uns ermöglicht, der Tat einen Namen zu geben, zu sagen, das war eine ‚schwere Körperverletzung‘, eine ‚Vergewaltigung‘ etc., täuscht leicht darüber hinweg, dass die Perspektive desjenigen, der dieses Unrecht vollzieht, und die Perspektive desjenigen, der es erleidet, durch einen unüberbrückbaren Abgrund voneinander getrennt sind. Die Erfahrung, einem anderen Menschen seinen Willen aufzuzwingen, und das Gefühl der Macht, das diese Erfahrung begleitet, ist etwas absolut anderes als die Erfahrung, dem Willen eines anderen

ohnmächtig ausgeliefert zu sein. Angesichts dieser Inkommensurabilität fällt es schwer sich vorzustellen, dass es auch nur irgendetwas geben könnte, worin zwischen beiden eine mögliche Übereinkunft besteht. Es gehört zu den traurigen Tatsachen des menschlichen Daseins, dass es Verbrechen gibt, durch die das Leben des Opfers irreparabel beschädigt wird, während es sich aufseiten der Täter nicht notwendigerweise so verhält. Kurzum, die Polarität von Handeln und Erleiden ist absolut. Vor diesem Hintergrund scheint es unmöglich, auf die genannte Frage eine positive Antwort zu finden.

Nähern wir uns dieser Frage mittels einer anderen an: Was wünscht sich das Opfer? Eine Reihe von Antworten ist möglich und denkbar. An erster Stelle steht wohl der Ruf nach Gerechtigkeit. Dass der Täter angeklagt und vor Gericht gestellt, verurteilt und bestraft wird, ist nicht die einzige Form, die dieser Wunsch annehmen kann. Vielleicht erscheint die von Rechts wegen vorgesehene Strafe dem Opfer als nicht schwer genug; vielleicht wünscht es sich, dass dem Täter exakt dasselbe widerfährt, was ihm selbst angetan wurde, vielleicht will es ihn um jeden Preis leiden sehen. Vielleicht wünscht es sich auch bloß, dass das Unrecht, das es erleiden musste, als solches anerkannt und der oder die Täter öffentlich benannt werden. Vielleicht wünscht es sich ein Geständnis, vielleicht eine Entschuldigung (vonseiten des Täters oder vonseiten der öffentlichen Organe, die nichts dazu beigetragen haben, dieses Unrecht zu verhindern). Vielleicht will es aber auch einfach seine Ruhe haben, nicht mehr an das Vergangene erinnert werden und wünscht sich nichts mehr als Vergessen. Vielleicht – um eine letzte Möglichkeit zu nennen, die nicht außerhalb unseres Blickfelds bleiben darf – wünscht es sich auch die Kraft zu vergeben.

So unterschiedlich gelagert diese Fälle auch sind, so gibt es doch einen Wunsch, der alle anderen unausgesprochen begleitet: denjenigen nämlich, *das Geschehene ungeschehen zu machen*. Unabhängig davon, wie sich das Opfer zu dem vergangenen Unrecht verhält und worauf sich sein Wünschen im Einzelnen richtet – in jedem Fall wird es sich wünschen, dass dieses Vergangene niemals geschehen, dass es niemals so weit gekommen wäre. Vor die hypothetische Alternative gestellt, zwischen der Gerechtigkeit und der Wiederherstellung des Status quo ante wählen zu können, würde es sich immer für letzteres entscheiden. In dem Wunsch, das Unumkehrbare umkehren zu können, laufen alle anderen Wünsche zusammen.

Sofern der Schuldige seine Schuld anerkennt und unter ihrem Gewicht leidet, sofern er sie nicht vollständig leugnet, verhält es sich bei ihm jedoch genauso. Ob er verurteilt wurde oder ob ihm der Prozess noch bevorsteht, ob er gerade im Gefängnis sitzt oder ob er sich den strafverfolgenden Instanzen zu entziehen sucht – in jedem Fall wird er sich wünschen, die von ihm verübte Tat rückgängig machen zu können. Sicher stellt die Anerkennung der Schuld bereits ein Moment der Reue dar; sie fällt jedoch nicht vollständig mit dieser zusammen. Der Wunsch, das Geschehene ungeschehen zu machen, geht der Bitte um Vergebung noch voraus. Dass diesem Wunsch oftmals etwas Verzweifeltes anhaftet, mag damit zusammenhängen, dass er auf etwas abzielt, das logisch unmöglich erscheint. Wir können die Zeit nicht umkehren. Und doch scheint dieser Wunsch den einzigen Ort – den unmöglichen Ort oder Un-ort (*ou-topos*), die Utopie – zu markieren, an dem der Schuldige und das Opfer zusammenkommen. Die Umkehr des Unumkehrbaren bildet gleichsam das Dach, unter dem der Wunsch nach Vergebung und der Wunsch nach Gerechtigkeit eine gemeinsame Zuflucht finden. Der Wunsch, das Geschehene ungeschehen zu machen, begleitet ebenso das Bewusstsein der Schuld wie das Bewusstsein des Opfers.

Dieser Wunsch bestimmt die subjektive Konstitution des Geschädigten selbst dort, wo die Vergebung überhaupt nicht ins Auge gefasst wird. Besonders instruktiv in dieser Hinsicht erscheint mir ein Text von Jean Améry, der den schlichten Titel „Ressentiments“[196] trägt. Améry geht es in diesem Text um „die Beschreibung der subjektiven Verfassung des Opfers“[197]. Die Analyse des Ressentiments – die zugleich den Versuch einer Apologie darstellt – wird mit den Mitteln der Introspektion gewonnen. Die scharfe Polemik, die die Tonart dieses Textes streckenweise bestimmt, entzündet sich an der merkwürdigen Geschichtsvergessenheit, die den wirtschaftlichen Wiederaufbau und die politische Rehabilitierung der Bundesrepublik in der 1960er Jahren geprägt hat. Anders als viele seiner Zeitgenossen weigerte sich Améry, daran zu glauben, dass

196 Améry: Ressentiments.
197 Ebd., S. 104.

der Nationalsozialismus bloß einen „Betriebsunfall der deutschen Geschichte" darstelle, an dem „das deutsche Volk in seiner Breite und Tiefe" keinen weiteren Anteil hatte.[198] Das zentrale Merkmal des Ressentiments erkennt Améry nun nicht in einer bestimmten psychischen Disposition, sondern in einer eigentümlichen Verdrehung des Zeitempfindens. „Es ist meinem Nachdenken nicht unentdeckt geblieben", schreibt Améry,

> daß das Ressentiment nicht nur ein widernatürlicher, sondern auch ein logisch widersprüchlicher Zustand ist. Es nagelt jeden von uns fest ans Kreuz seiner zerstörten Vergangenheit. Absurd fordert es, das Irreversible solle umgekehrt, das Ereignis unereignet gemacht werden. Das Ressentiment blockiert den Ausgang in die eigentlich menschliche Dimension, die Zukunft. Ich weiß, das Zeitgefühl des im Ressentiment gefangenen ist verdreht, ver-rückt, wenn man will, denn es verlangt nach dem zweifach Unmöglichen, dem Rückgang ins Abgelebte und der Aufhebung dessen, was geschah.[199]

Das Ressentiment versperrt den Weg in die Zukunft. Den Blick ungetrübt nach vorne zu richten, fällt Améry dabei umso schwerer, je leichter es sich die Täter und Mittäter von einst damit machen. Améry zufolge trifft es nicht (oder zumindest nicht vollständig) zu, dass das Ressentiment lediglich den Ausdruck eines ungestillten und in seiner Realisierung verhinderten Rachestrebens darstellt (also sozusagen ein ‚Inkognito der Rache'). Vielmehr besitze das Ressentiment eine moralische Qualität, die Améry darin erkennt, dass es den Untäter, der nicht durch sein Gewissen an seine Handlung gekettet ist, mit der moralischen Wahrheit seiner Verbrechen konfrontiert.[200] Die einzige Möglichkeit, den blockierten Weg in die Zukunft frei zu räumen, besteht Améry zufolge in der „Austragung des ungelösten Konflikts im Wirkungsfeld der geschichtlichen Praxis"[201].
Welche Form diese Austragung annehmen kann, erläutert Améry anhand des Schicksals des flämischen SS-Manns Wajs aus Antwerpen, „ein vielfacher Mörder und besonders routinierter Folterknecht"[202], mit dem es Améry während seiner Lagerhaft zu tun hatte. Von seinen deutschen Vorgesetzten angefeuert, hatte Wajs Améry immer mit dem Schaufelstiel auf den Kopf geschlagen, wenn dieser nicht

198 Améry: Ressentiments, S. 109.
199 Ebd., S. 111.
200 Vgl. ebd., S. 113.
201 Ebd., S. 112.
202 Ebd., S. 113.

schnell genug schippte. Wajs wurde zum Tode verurteilt und hingerichtet. Was Améry angesichts der an Wajs vollstreckten Todesstrafe empfand, war nicht Genugtuung, sondern etwas anderes: die Erlösung aus dem noch Jahrzehnte später andauernden Zustand der Verlassenheit, die für ihn den Kern der Erfahrung der Verfolgung ausmacht:

> SS-Mann Wajs, als er vor dem Exekutionspeleton [*sic*] stand, erfuhr die moralische Wahrheit seiner Untaten. Er war in diesem Augenblick mit *mir* – und ich war nicht mehr mit dem Schaufelstiel allein. Er hat, so möchte ich glauben, im Augenblick seiner Hinrichtung die Zeit genau so umdrehen, das Geschehen genau so ungeschehen machen wollen wie ich. Als man ihn zur Richtstätte führte, war er aus dem Gegen-menschen wieder zum Mitmenschen geworden.[203]

In diesem Augenblick blitzt die Möglichkeit von so etwas wie Versöhnung auf, die jedoch sogleich wieder erlischt. Denn Wajs war bei weitem nicht der einzige, der für das verantwortlich war, was Améry und mit ihm Hunderttausenden und Millionen anderen Menschen an Schmerz und Unrecht zugefügt worden ist. Und selbst wenn es gelänge, sämtliche Verantwortlichen zur Rechenschaft zu ziehen und zu bestrafen, so wäre damit nur wenig gewonnen. Die Aktualisierung des moralischen Konflikts, auf die es Améry ankommt, besteht weder in der Forderung nach einer angemessenen Bestrafung (die es in diesem Fall überhaupt nicht geben kann) noch in dem Wunsch nach einer „proportional zum Erlittenen ins Werk zu setzenden Rache"[204]. Ihr Zentrum finden Amérys Überlegungen in dem Einspruch gegen das natürliche Zeitempfinden, das das Geschehene einfach als Geschehenes hinnimmt. „Der sittliche Mensch fordert Aufhebung der Zeit – […] durch Festnagelung des Untäters an seine Untat."[205] Die moralische Wahrheit der vergangenen Taten darf weder verdrängt noch kleingeredet und vertuscht werden. Der Täter ist aufgefordert, sie als sein „negatives Eigentum"[206] in Anspruch zu nehmen. Einzig auf dieser Grundlage, erklärt Améry, könne sich auch „auf geschichtlichem Felde […] das ereignen, was ich vorhin hypothetisch für den engen individuellen Kreis beschrieb: Zwei Menschengruppen, Überwältiger

203 Ebd., S. 114.
204 Ebd., S. 123.
205 Ebd., S. 116.
206 Ebd., S. 124.

und Überwältigte, würden einander begegnen am Treffpunkt des Wunsches nach Zeitumkehrung und damit nach Moralisierung der Geschichte."[207]

Auch dort, wo die Möglichkeit der Vergebung gar nicht in Betracht gezogen wird, scheint sich also alles um das Problem der Unumkehrbarkeit der Zeit herum zu verdichten. „Die Erschlagnen [*sic*] sind wirklich erschlagen", notierte Benjamin in seinem *Passagen-Werk*, „das vergangene Unrecht ist geschehen und abgeschlossen."[208] Mit einem Wort, es ist *irreversibel*.[209] Ebenso irreversibel aber ist die Vergebung. Wie wir im Laufe unserer Untersuchung gesehen haben, kann die Vergebung, also die Aufhebung der Schuld, wenn sie sich einmal wirklich ereignet hat, durch nichts wieder aufgehoben werden. Wenn jemand einem anderen ‚vergibt' und diesen Akt anschließend durch eine bestimmte Geste oder Äußerung revidiert, dann kann man sicher sein, dass das Wort ‚Vergebung' an dieser Stelle fehl am Platze war. Die Aussage „ich vergebe dir" tut, was sie sagt. Sie bedeutet, dass wirklich vergeben wird.[210] Wenn die Vergebung wirklich stattfindet und den Schuldigen von der lähmenden Last seiner Schuld befreit, dann ist diese Entbindung endgültig und unumkehrbar.[211] So betrachtet, ließe sich die Vergebung bestimmen als ein Irreversibles, das ein anderes Irreversibles aufhebt.

Zwischen dem Irreversiblen der Vergebung und dem Irreversiblen der Schuld besteht jedoch ein wesentlicher Unterschied: Die Schuld beruht auf etwas Abgeschlossenem; sie weist zwingend in die Vergangenheit. Sie ist das, was die menschliche Existenz schwer macht und ihr das Gewicht des Schicksalhaften verleiht. Die Schuld, wenn man so sagen darf, ist immer alt. Die Vergebung hingegen kennt kein Alter. Ihr Wesen besteht nicht in etwas Abschließendem, sondern in

207 Améry: Ressentiments, S. 124.

208 Walter Benjamin: Das Passagen-Werk. In: Ders.: *Gesammelte Schriften*, Bd. V, hrsg. v. Rolf Tiedemann. Frankfurt am Main: Suhrkamp 1982, S. 589.

209 Vgl. dazu auch Vladimir Jankélévitch: *L'irréversible et la nostalgie*. Paris: Flammarion 1974.

210 Vgl. Ricœur: *Gedächtnis, Geschichte, Vergessen*, S. 744.

211 Dies bedeutet freilich nicht, dass derjenige, dem vergeben wurde, gewissermaßen für alle Zeiten ‚amnestiert' und fortan keiner weiteren Verfehlung mehr fähig wäre. Die Vergebung hebt eine bestimmte Schuld auf, nicht die Fehlbarkeit als solche. So wie das Wagnis einer Bitte um Vergebung das Risiko der Zurückweisung impliziert, so impliziert die Gewährung der Vergebung die Möglichkeit, dass derjenige, den die Vergebung trifft, danach erneut ‚rückfällig' wird und Schlechtes tut.

einer *Öffnung*. Was die Vergebung tut, ist etwas anderes als unter eine vergangene Rechnung einen Schlussstrich zu setzen. Sie rechnet überhaupt nicht. Mit der Logik der Äquivalenz, die zugleich die Logik der Gerechtigkeit ist, hat der Akt des Vergebens nichts zu tun. Wenn die Vergebung irgendeinen Bezug auf die Sphäre des Rechnens hat, dann nur den, dass sie die Rechnung als Ganze ausstreicht. Die Bedeutung der Vergebung liegt nicht darin, die Vergangenheit abzuschließen, sondern diese auf die Zukunft hin zu öffnen. „Wo dies geschieht, wird eine Nachtragekette, ein Rückzahlungsgeschäft unterbrochen. […] Die Zeit nach der Vergebung kann so die Qualität eines bereicherten Neubeginns gewinnen."[212] In diesem Punkt kommen Ricœur, Arendt, Lévinas, ja selbst Peter Sloterdijk (von dem letzteres Zitat stammt) überein: Durch das Vergeben eröffnet sich die Möglichkeit eines Neubeginns. Die Aufhebung der Schuld gibt dem Schuldigen und dem Geschädigten die Freiheit zu einem anderen Anfang zurück.

In diesem Sinne kann Lévinas davon sprechen, dass die „Vergebung aktiv [ist] in einem stärkeren Sinne als das Vergessen; das Vergessen betrifft nicht die Wirklichkeit des vergessenen Ereignisses; die Vergebung *wirkt* auf die Vergangenheit, sie wiederholt in gewisser Weise das Ereignis, indem sie es reinigt."[213] Welchen Sinn können wir dieser Aussage verleihen? Was bedeutet es zu sagen, dass die Vergebung auf die Vergangenheit einwirkt, dass sie sie reinigt und, wie Lévinas hinzufügt, „die vergebene Vergangenheit in der gereinigten Gegenwart bewahrt"[214]? Es hat den Anschein, dass sich hier ein Rätsel auftut, das noch tiefer reicht als das Paradox der Entbindung des Handelnden von seiner Handlung, als das Ricœur die Vergebung bestimmt hat. Folgt man Lévinas, so stellt die Vergebung tatsächlich „eine Umkehr der natürlichen Ordnung der Dinge"[215] dar; sie greift in den regulären Verlauf der historischen Zeit ein und verändert diese. Mehr noch, für Lévinas stellt diese Intervention – „dieser Neubeginn des Augenblicks, dieser Triumph der Zeit der Fruchtbarkeit über das Wesen des sterblichen und alternden

212 Sloterdijk: *Zorn und Zeit*, S. 53.
213 Lévinas: *Totalität und Unendlichkeit*, S. 413; Hervorhebung F. B.
214 Ebd.
215 Ebd.

Seienden" – gar das „eigentliche Werk der Zeit" dar.[216] „Das Paradox der Vergebung der Schuld", so erklärt Lévinas, „verweist auf *die Vergebung als dasjenige, das die Zeit selbst konstituiert.*"[217]

Vermutlich werden nur wenige Leser Lévinas bis zu diesem Punkt folgen wollen, an dem die Frage, die die Vergebung uns aufgibt, in ein noch größeres Rätsel einmündet. Das ist vielleicht auch gar nicht nötig. Man muss Lévinas nicht in allem zustimmen, man sollte seine Überlegungen aber umgekehrt auch ebensowenig als bloße metaphysische Spekulation abtun, um zu der Einsicht zu gelangen, dass die Vergebung etwas darstellt, das sich weder im Denken noch im Leben vollständig beherrschen lässt. Vergeben ist nicht einfach.

216 Vgl. Lévinas: *Totalität und Unendlichkeit*, S. 413.
217 Ebd; Hervorhebung F. B.

Literaturverzeichnis

Altwegg, Jürg: Kein Vergessen, kein Verstehen, kein Verzeihen – Vladimir Jankélévitch und die Deutschen. In: Vladimir Jankélévitch: *Das Verzeihen. Essays zur Moral und Kulturphilosophie*, hrsg. v. Ralf Konersmann. Frankfurt am Main: Suhrkamp 2003, S. 9–22.

Améry, Jean: Die Tortur. In: Ders.: *Jenseits von Schuld und Sühne. Bewältigungsversuche eines Überwältigten*. Stuttgart: Klett-Cotta 2008, S. 46–73.

—: Ressentiments. In: Ders.: *Jenseits von Schuld und Sühne. Bewältigungsversuche eines Überwältigten*. Stuttgart: Klett-Cotta 2008, S. 102–129.

Arendt, Hannah: *Vita activa oder Vom tätigen Leben*. München: Piper 2008.

Bataille, Georges: Der Begriff der Verausgabung. In: Ders.: *Die Aufhebung der Ökonomie*, hrsg. v. Gerd Bergfleth, aus. d. Franz. v. Traugott König / Heinz Abosch / Gerd Bergfleth. Erw. Auflage. München: Matthes & Seitz 1985, S. 7–31.

—: Der verfemte Teil. In: Ders.: *Die Aufhebung der Ökonomie*, hrsg. v. Gerd Bergfleth, aus d. Franz. v. Traugott König / Heinz Abosch / Gerd Bergfleth. Erw. Auflage. München: Matthes & Seitz 1985, S. 33–234.

Benjamin, Walter: Das Passagen-Werk. In: Ders.: *Gesammelte Schriften*, Bd. V, hrsg. v. Rolf Tiedemann. Frankfurt am Main: Suhrkamp 1982.

Canetti, Elias: *Masse und Macht*. Frankfurt am Main: Fischer 2006.

Chodorkowski und Pussy Riot kommen frei. Putins Tag der Gnade. http://www.handelsblatt.com/politik/international/chodorkowski-und-pussy-riot-kommen-frei-putins-tag-der-gnade/9242584.html (Zugriff am 20.12.2013).

Därmann, Iris: *Theorien der Gabe. Zur Einführung*. Hamburg: Junius 2010.

Derrida, Jacques (im Gespräch mit Michel Wieviorka): Jahrhundert der Vergebung. Verzeihen ohne Macht – unbedingt und jenseits der Souveränität, aus d. Franz. v. Michael Wetzel. In: *Lettre International* 48 (Frühjahr 2000), S. 10–18.

Döring, Sabine A. (Hrsg.): *Philosophie der Gefühle*. Frankfurt am Main: Suhrkamp 2009.

Dostojewski, Fjodor: *Die Brüder Karamasoff. Roman in vier Teilen mit einem Epilog*, aus d. Russ. v. E. K. Rahsin. Darmstadt: WBG 1968.

—: *Schuld und Sühne. Roman in sechs Teilen mit einem Epilog*, aus d. Russ. v. Margit Bräuer / Rolf Bräuer. Berlin: Aufbau 2008.

‚Duch' bittet um Vergebung. Chef-Folterer der Roten Khmer gesteht seine Verbrechen. http://www.nzz.ch/nachrichten/international/folterer_duch_gesteht_schuld_1.2295590.html (Zugriff am 18.11.2013).

Hartmann, Nicolai: *Ethik*. Berlin: De Gruyter 1962.

Hénaff, Marcel: *Der Preis der Wahrheit. Gabe, Geld und Philosophie*, aus d. Franz. v. Eva Moldenhauer. Frankfurt am Main: Suhrkamp 2009.

Hughes, Paul M.: Forgiveness. In: *Stanford Encyclopedia of Philosophy* (Winter 2011 edition), hrsg. v. Edward N. Zalta. http://plato.stanford.edu/archives/win2011/entries/forgiveness/ (Zugriff am 02.01.2014).

Jankélévitch, Vladimir: *L'irréversible et la nostalgie*. Paris: Flammarion 1974.

—: Verzeihen? In: Ders.: *Das Verzeihen. Essays zur Moral und Kulturphilosophie*, hrsg. v. Ralf Konersmann, aus d. Franz. v. Claudia Brede-Konersmann. Frankfurt am Main: Suhrkamp 2003, S. 243–282.

Jaspers, Karl: *Philosophie*, Zweites Buch: Existenzerhellung. Berlin: Julius Springer 1932.

—: *Die Schuldfrage*. Heidelberg: Lambert Schneider 1946.

Kaing Guek Eav alias Duch Sentenced to Life Imprisonment by the Supreme Court Chamber. http://www.eccc.gov.kh/en/articles/kaing-guek-eav-alias-duch-sentenced-life-imprisonment-supreme-court-chamber-0 (Zugriff am 03.01.2014).

Kant, Immanuel: *Die Religion innerhalb der Grenzen der bloßen Vernunft*, hrsg. v. Bettina Stangneth. Hamburg: Meiner 2003.

Kirchgessner, Walter: *Die Bewegung der Reflexion in der Ethik Jean Naberts*. Inaugural-Dissertation zur Erlangung des Akademischen Grades eines Dr. phil., vorgelegt dem Fachbereich Philosophie / Pädagogik der Johannes Gutenberg-Universität Mainz, 1983.

Kodalle, Klaus-Michael: *Verzeihung nach Wendezeiten? Über Unnachsichtigkeit und misslingende Selbstentschuldung*. Antrittsvorlesung an der Friedrich-Schiller-Universität Jena. Erlangen / Jena: Palm & Enke 1994.

—: *Annäherungen an eine Theorie des Verzeihens*. Stuttgart: Steiner 2006.

Kohl, Karl-Heinz: *Ethnologie – die Wissenschaft vom kulturell Fremden. Eine Einführung*. Erw. Auflage. München: Beck 2000.

Landweer, Hilge / Demmerling, Christoph: *Philosophie der Gefühle. Von Achtung bis Zorn*. Stuttgart / Weimar: J. B. Metzler 2007.

Lévinas, Emmanuel: *Totalität und Unendlichkeit. Versuch über die Exteriorität*, aus d. Franz. v. Wolfgang Nikolaus Krewani. Freiburg / München: Alber 2008.

Liebsch, Burkhard: Vorwort. In: Paul Ricœur: *Das Rätsel der Vergangenheit. Erinnern – Vergessen – Verzeihen*. Göttingen: Wallstein 1998, S. 7–18.

Lorenz, Kuno: Sprechakt. In: *Enzyklopädie Philosophie und Wissenschaftstheorie*, Bd. 4, hrsg. v. Jürgen Mittelstraß. Stuttgart / Weimar: J. B. Metzler 2004, S. 68–71.

Macho, Thomas: Fragment über die Verzeihung. In: *Zeitmitschrift. Journal für Ästhetik* 3 (1988), S. 135–145.

Mauss, Marcel: *Die Gabe. Form und Funktion des Austauschs in archaischen Gesellschaften*, aus d. Franz. v. Eva Moldenhauer. Frankfurt am Main: Suhrkamp 1990.

Meier, Christian: *Das Gebot zu vergessen und die Unabweisbarkeit des Erinnerns. Vom öffentlichen Umgang mit schlimmer Vergangenheit*. München: Siedler 2010.

Merkels Gedenkrede für Neonazi-Opfer im Wortlaut. „Die Hintergründe der Taten lagen im Dunkeln – viel zu lange". http://www.sueddeutsche.de/politik/merkels-gedenkrede-fuer-neonazi-opfer-im-wortlaut-die-hintergruende-der-taten-lagen-im-dunkeln-viel-zu-lange-1.1291733 (Zugriff am 20.12.2013).

Miklis, Katharina: US-Sexskandal. Anthony Weiners zweite zweite Chance. http://www.zeit.de/politik/ausland/2013-07/anthony-weiner-new-york-sexskandal (Zugriff am 20.12.2013).

Mühlmann, Sophie: Pol Pots brutaler Henker steht jetzt vor Gericht. http://www.welt.de/politik/article3215665/Pol-Pots-brutaler-Henker-steht-jetzt-vor-Gericht.html (Zugriff am 18.11.2013).

Nabert, Jean: *Éléments pour une éthique*. Paris: Presses Universitaires de France 1943.

—: *Essai sur le mal*. Paris: Aubier Montaigne 1970.

Orth, Stefan: Spuren des Denkens von Jean Nabert in Paul Ricœurs ‚kleiner Ethik'. In: Andris Breitling / Stefan Orth / Birgit Schaaff (Hrsg.): *Das herausgeforderte Selbst. Perspektiven auf Paul Ricœurs Ethik*. Würzburg: Königshausen & Neumann 1999, S. 59–73.

—: Zwischen Philosophie und Theologie: Das Verzeihen. In: Andris Breitling / Stefan Orth (Hrsg.): *Erinnerungsarbeit. Zu Paul Ricœurs Philosophie von Gedächtnis, Geschichte und Vergessen*. Berlin: BWV 2004, S. 223–236.

Ricœur, Paul: *Die Fehlbarkeit des Menschen. Phänomenologie der Schuld I*, aus d. Franz. v. Maria Otto. Freiburg / München: Alber 1971. [*Finitude et culpabilité I. L'homme faillible*. Paris: Aubier 1960.]

—: *Symbolik des Bösen. Phänomenologie der Schuld II*, aus d. Franz. v. Maria Otto. Freiburg / München: Alber 1971. [*Finitude et culpabilité II. La symbolique du mal*. Paris: Aubier 1960.]

—: *Liebe und Gerechtigkeit / Amour et justice*. Zweisprachige Ausgabe, hrsg. v. Oswald Bayer, aus d. Franz. v. Matthias Raden. Tübingen: Mohr 1990.

—: *Das Selbst als ein Anderer*, aus d. Franz. v. Jean Greisch in Zusammenarbeit mit Thomas Bedorf / Birgit Schaaff. München: Fink 1996. [*Soi-même comme un autre*. Paris: Seuil 1990.]

—: *Das Rätsel der Vergangenheit. Erinnern – Vergessen – Verzeihen*, aus d. Franz. v. Andris Breitling / Henrik Richard Lesaar. Göttingen: Wallstein 1998.

—: *Gedächtnis, Geschichte, Vergessen*, aus d. Franz. v. Hans-Dieter Gondek / Heinz Jatho / Markus Sedlaczek. München: Fink 2004. [*La mémoire, l'histoire, l'oubli*. Paris: Seuil 2000.]

—: Narrative Identität (1987). In: Ders.: *Vom Text zur Person. Hermeneutische Aufsätze (1970–1999)*, hrsg. u. aus d. Franz. übers. v. Peter Welsen. Hamburg: Meiner 2005, S. 209–225.

—: Annäherungen an die Person (1990). In: Ders.: *Vom Text zur Person. Hermeneutische Aufsätze (1970–1999)*, hrsg. u. aus d. Franz. übers. v. Peter Welsen. Hamburg: Meiner 2005, S. 227–249.

—: Eine intellektuelle Autobiographie (1995). In: Ders.: *Vom Text zur Person. Hermeneutische Aufsätze (1970–1999)*, hrsg. v. Peter Welsen, aus d. Franz. v. Peter Welsen u. Jérôme Jaminet. Hamburg: Meiner 2005, S. 3–78.

—: Erinnerung und Vergessen (1999). In: Ders.: *Vom Text zur Person. Hermeneutische Aufsätze (1970–1999)*, hrsg. u. aus d. Franz. übers. v. Peter Welsen. Hamburg: Meiner 2005, S. 295–315.

—: *Das Böse. Eine Herausforderung für Philosophie und Theologie*, aus d. Franz. v. Laurent Kassels, überarb. v. Anna Stüssi. Zürich: Theologischer Verlag 2006. [*Le Mal. Un défi à la philosophie et à la théologie.* Genf: Labor et Fides 1986.]

—: *Wege der Anerkennung. Erkennen, Wiedererkennen, Anerkanntsein*, aus d. Franz. v. Ulrike Bokelmann / Barbara Heber-Schärer. Frankfurt am Main: Suhrkamp 2006. [*Parcours de la reconnaissance: trois études.* Paris: Stock 2004.]

Schapp, Wilhelm: *In Geschichten verstrickt. Zum Sein von Mensch und Ding.* Frankfurt am Main: Klostermann 2004.

Sloterdijk, Peter: *Zorn und Zeit. Politisch-psychologischer Versuch.* Frankfurt am Main: Suhrkamp 2006.

Völkerstrafgesetzbuch. http://bundesrecht.juris.de/vstgb/ (Zugriff am 18.11.2013).

Welsen, Peter: Einleitung. In: Paul Ricœur: *Vom Text zur Person. Hermeneutische Aufsätze (1970–1999)*, hrsg. v. Peter Welsen. Hamburg: Meiner 2005, S. XI–XXIII.